U0666220

带着文化游名城

老厦门记忆

李世化 编著

黄河出版传媒集团

阳光出版社

图书在版编目（CIP）数据

老厦门记忆 / 李世化编著. —— 银川：阳光出版社，
2025. 5. —— (带着文化游名城). —— ISBN 978-7-5525
-7748-8

　　Ⅰ．K295.73-49

　　中国国家版本馆CIP数据核字第2025TC4865号

带着文化游名城

老厦门记忆

李世化 编著

责任编辑　陈建琼
封面设计　尚世视觉
责任印制　岳建宁

黄河出版传媒集团
阳光出版社　出版发行

出 版 人　薛文斌
地　　址　宁夏银川市北京东路139号出版大厦（750001）
网　　址　http://ssp.yrpubm.com
网上书店　http://shop129132959.taobao.com
电子信箱　yangguangchubanshe@163.com
邮购电话　0951-5047283
经　　销　全国新华书店
印刷装订　河北翔驰润达印务有限公司
印刷委托书号　（宁）2500305

开　　本　710 mm×1000 mm　1/16
印　　张　13.5
字　　数　200千字
版　　次　2025年5月第1版
印　　次　2025年5月第1次印刷
书　　号　ISBN 978-7-5525-7748-8
定　　价　58.00元

版权所有　翻印必究

前　言

　　厦门远古时为白鹭栖息之地，故又称"鹭岛"，是我国东南沿海重要的中心城市、港口城市及风景旅游城市。厦门拥有深厚的历史积淀，早在距今五六千年前的新石器时代晚期，厦门岛上就有早期人类生活的痕迹。同时，作为现代化国际性港口风景旅游城市，厦门又有"国际花园城市"的美称。

　　晋太康三年（282年），厦门地区设置同安县，隶属于晋安郡，后来又被裁撤，并入南安县，直到600多年后才再次设县建制。到唐代中叶，来自中原的陈、薛等家族辗转来到厦门，在岛上拓荒垦殖、繁衍生息，厦门地区的经济、人口逐渐得到发展，这才有了"新城"和"嘉禾里"的地名。

　　宋元时期，岛上的人烟逐渐繁盛，再加上北边泉州港海上贸易的繁荣，中央政府开始在厦门驻军设防。洪武二十七年（1394年），为防御倭寇，正式在此地兴建城堡，并命名为"厦门城"，寓意"国家大厦之门"。从此之后，"厦门"这个名字正式出现在我国的版图上。

　　明末清初，国家动荡不安。民族英雄郑成功在厦门安营扎寨，并操练水师。他以厦门为基地，跨海东征，还从荷兰殖民者的手中收复了台湾。四年时间里，厦门成为郑家军的大本营，捍卫了祖国领土和主权的完整。

　　清朝末年，鸦片战争爆发。清政府被迫与英国签订不平等条约《南京条约》，厦门被列为"五口通商"的口岸之一。外来侵略者的行为，在客观上促使它发展成一个兼容并蓄的沿海城市。当时的厦门作为我国东南部重要的口岸，承担着海内外贸易、中转的历史重任。与此同时，身处殖民者与封建统治者的双重重压之下的厦门人民为争取民族尊严，进行了一次又一次的抗争。

1949年10月15日，中国人民解放军挥戈渡海、浴血奋战，17日终于解放了厦门。然而在1949年到1979年的30年里，两岸形势紧张。因为厦门地处福建东南部九龙江的入海处，西部与漳州毗邻，北接泉州，东南与金门岛隔海相望，金门一带曾经炮火连天。

1980年，厦门经济特区成立。自此以后，厦门迅速发展，在我国城市综合竞争力排行榜上名列前茅。如今的厦门，是一座充满了创造力的城市。它被海内外华人誉为"最温馨的城市"和"最适宜投资居住的城市"，在千百年的历史积淀下，实现了经济的腾飞。

如今的厦门市已成为福建省的一个副省级城市，是全国五个计划单列市之一，同时是首批实行对外开放的四个经济特区之一。而优美的自然风光、四季如春的气候更是让厦门成为全国环境最好的城市之一，被美国前总统尼克松称赞为"东方夏威夷"。

《带着文化游名城——老厦门记忆》会带读者走进厦门，了解它的历史，了解它的美。无论是厦门的山水人文，还是厦门的名人故居，抑或是厦门的特色美食，读者都能从这里找到答案。想了解得更多？也是没有问题的。我们的每一个章节下面都会有大量趣味性的问题为大家呈现，比如"你知道鼓浪屿岛名的由来吗""曾经的'台湾街'和'上海街'到哪里去了""你知道厦门有座猫咪博物馆吗"，这些问题读者都能从书中找到答案。

侨乡风情、闽台习俗、海滨美食、异国建筑，在厦门没有什么不能融洽相处。希望本书能带着大家一起游览这座兼容并包、魅力十足的"海上花园"。

目　录

厦门的老城墙

❧ 厦门的街桥地名 ❧

厦门的街桥

厦门的地名

厦门的山水人文

厦门的山水园林

厦门的人文景观

厦门的民俗特色

厦门的美食特产

厦门的美食

厦门的特产

❧ 厦门的名人故居 ❧

厦门的名人故居

❧ 附 录 ❧

开　篇

出行前的准备

　　一座城市的气质，是在这座城市所处的地理位置、自然环境、人文历史、经济实力、生产技术条件等的错综复杂的作用下形成的。那些建筑背后的繁华时光、那些山水园林的沧桑变迁，还有那些难以忘怀的峥嵘岁月，那些出现过并湮灭在历史里不为人知的故事，一点一点地造就了如今的厦门。每与一个故事邂逅，便对厦门多一分理解与感悟。

厦门的历史

　　大海造就了厦门，也孕育了厦门的海洋文化。自古以来，厦门的先民便靠着舟楫，往返大陆，漂洋过海。厦门港水深浪低，是天然良港。鸦片战争之后，厦门成为最早的通商五口之一，海是向世界打开大门的重要媒介。著名的民族英雄郑成功也是以厦门为基地，收复了台湾。可以说厦门的历史就是围绕着海洋而展开的。

　　不过要说起厦门文化最早的出现时间，恐怕要追溯到魏晋时期。晋太康三年（282年）置同安县，属晋安郡，后并入南安。唐贞元十九年（803年）析南安县西南部置大同场，五代后唐长兴四年（933年）升为同安县，辖域包括现在的厦门市、金门县及龙海市东北部。宋属清源军、平海军、泉州。元属泉州路。明属泉州府。洪武二十年（1387年）始筑"厦门城"——寓意"国家大厦之门"，"厦门"之名自此列入史册。

清顺治七年（1650年）郑成功驻兵厦门，十二年（1655年）置思明州；康熙十九年（1680年）废；康熙二十三年（1684年）设台厦兵备道，道尹驻台湾府治（雍正六年即1728年台湾府改为台湾道）；康熙二十五年（1686年）以泉州府同知分防设厅，雍正五年（1727年）兴泉道（后为兴泉永道）自泉州移驻厦门。康熙二十三年（1684年），设立闽海关厦门口，1685年5月正式对外办公。乾隆二十二年（1757年），施行广州一口通商，关闭包括厦门口的其他海关。

鸦片战争之后，厦门港成为中国最早开放的五个口岸城市之一。1852年，在厦门岛设英租界。1902年鼓浪屿岛沦为公共租界。1914年，清代地方区划制度废除，厦门岛自同安县独立，分置思明县。

1949年10月，厦门市被中国人民解放军攻克并接管，成为省辖市。现为副省级城市，五个非省会计划单列市之一。1980年，厦门岛特区成立。自此以后，厦门迅速发展，在我国城市综合竞争力排行榜上名列前茅。如今的厦门，是一座充满了创造力的城市。它被海内外华人誉为"最温馨的城市"和"最适宜投资居住的城市"，在千百年的历史积淀下，实现了经济的腾飞。1986年10月23日，厦门市第八届人民代表大会常务委员会第二十三次会议，审议了厦门市人民政府关于提请确定市树、市花、市鸟的议案，确定凤凰木为市树、三角梅为市花、白鹭为市鸟。

2003年5月，经国务院批准，同意厦门市调整部分行政区划。调整的主要内容包括：一、思明区、鼓浪屿区和开元区合并为思明区，原三区的行政区域划归思明区管辖。二、将杏林区的杏林街道办事处和杏林镇划归集美区管辖。杏林区更名为海沧区。三、设立翔安区，将同安区所辖新店、新圩、马巷、内厝、大嶝五个镇划归翔安区管辖。

行政区划调整后，厦门市辖思明、湖里、集美、海沧、同安和翔安六个区。

厦门的特点

每当提起一座城市，人们的脑海中总会浮起有关这座城市的一些东西，可能是一座建筑，一位名人，也可能是一个传说，一碗美食。但不管它是什么，必然和这座城市密不可分，并将这座城市与其他城市区分开来，这便是城市印记。城市印记是这座城市最为显眼的标志，它贯穿和浓缩了这座城市的历史和文化，在人们心中留下烙印。那么，厦门的城市印记会是什么？让我们一起来看一下吧。

【 厦门特有戏曲文化 】

◎ 歌仔戏

歌仔戏是20世纪初叶发源于漳州的传统戏曲，故亦称为芗剧，后来传到台湾并得到进一步发扬。"歌仔"有小曲、民歌的意思，歌仔戏以掺杂文言的闽南语为主，社会大众也能从中接触文雅词汇或忠孝节义故事，是早期闽南地区和台湾重要娱乐活动之一。

◎ 高甲戏

高甲戏，又叫戈甲戏、九角戏、九甲戏，以闽南语为媒介语进行表演，是福建的主要剧种之一，流行于闽南地区、台湾，以及东南亚闽南人聚居之地。高甲戏形成于清代中叶。高甲戏的剧目来源比较复杂，绝大部分是从提线木偶戏、梨园戏、徽戏、弋阳腔、京戏吸收过来的。

◎ 布袋戏

布袋戏又称作布袋木偶戏、手操傀儡戏、手袋傀儡戏、掌中戏、小笼、指花戏，起源于17世纪中国福建泉州或漳州；是主要在福建泉州、漳州、广东潮州与台湾等地流传的一种用布偶来表演的地方戏剧。

【厦门五大旅游区】

◎ **鼓浪屿旅游区**

用"海上花园"来称赞鼓浪屿是最恰当不过的了。站在厦门岛上，看鹭江之隔的鼓浪屿，恰似一处雅致的盆景；穿梭于岛上的绿树花丛间，就像进入了一座美丽花园；坐在琴园海畔的一处山石上，就可以在琴韵声里听浪涛了。碧海环抱中的鼓浪屿，海礁嶙峋，海岸线迤逦，山峦叠翠，峰岩跌宕，大自然的鬼斧神工造就了鼓浪屿明丽隽永的海岛风光，主要景点有日光岩、菽庄花园、皓月园，均为厦门名景。

游览时间：建议用一天时间来游玩鼓浪屿，时间充裕的话也可以静静地待上两三天，才能真正感受鼓浪屿的恬静和幽雅，品味它的小资和古典。

◎ **南普陀旅游区**

南普陀旅游区，位于厦门岛南部和东部，是厦门最为繁华的中心区，是一个以人文旅游资源为主要特色的旅游区。身在此区，可到著名的南普陀寺，然后到旁边的厦门大学漫步，感受厦大那独有的宁静和浪漫，还可亲手抚摸胡里山炮台的大条石，敲一敲世界现存最大的火炮，遥想它曾经经历的那些战火纷飞的年代……

◎ **集美旅游区**

集美风景区，风光旖旎，娇娆多姿。在浔江畔，有民族风格的闽南建筑，掩映于绿树花丛之中，亭台水榭坐落在晶莹的龙舟池畔。陈嘉庚陵墓，中外游客必来瞻仰；鳌园浮雕，令人叹为观止。集美吸引我们的不单单是秀美的风景，更是一种精神，一种对生命的崇高致敬！

◎ **同安旅游区**

同安旅游区是著名的侨乡和台胞祖籍地，素有"海滨邹鲁之地、声名文物之邦"的美誉。历史悠久的梵天寺里梵音云绕，原生态的金光湖景区处处透着神秘，还可到英雄三岛远眺海峡那边的风光……

◎ **海沧旅游区**

　　海沧旅游区内不仅有湖光山色、如诗如画的天竺山公园，还有中国第一座桥梁博物馆，为纪念北宋名医吴真人而建的东宫——青礁慈济宫。如果累了，还可以到日月谷里泡一泡温泉，一解旅途劳顿之苦。

厦门最佳的旅游季节

　　厦门是个冬无严寒、夏无酷暑的城市。这里日照时间长，阳光充沛，一年四季树木常青。虽说厦门气候舒适，但每年的8月前后是台风多发季节。受到台风影响，沿海的部分景点可能会关闭，行人出行困难，无法进行户外活动。因此，如果去厦门旅游，一定要避开台风季节。一般而言，每年的3—5月、10—11月是厦门最佳旅游季节。12月后，厦门进入冬季，天气较冷，不适宜出行。

来厦门需要了解的方言

　　厦门方言属于闽南语系当中的泉漳片，与台湾话有高度相似性。它形成于清朝末期，在1842年中英《南京条约》签订后，厦门被开放成为通商口岸，厦门岛与鼓浪屿迅速发展，漳州、泉州等地的大量人口流入厦门，厦门方言就逐渐形成了。

　　如同多数的闽南语一样，厦门话拥有七个声调，分别为阴平、阳平、上声、阴去、阳去、阴入、阳入。厦门方言字音的连续变调十分复杂，带有上古汉语语音的一些特点，单音节词非常多，如"卵"（蛋）、"目"（眼睛）、"途"（泥土）、"曝"（晒）、"帕"（打）等。接下来，让我们来了解一些厦门方言中的日常用语吧。

【亲人间的称谓】

丈夫——尪婿；老婆——某；父亲——老鳖；母亲——阿妈；哥哥——阿狗；弟弟——阿迪；姐姐——阿基；妹妹——阿茂；侄儿——顺仔；侄女——渣某顺；伯母——阿姆；伯父——毖公；姑妈——阿姑；嫂嫂——阿锁；外甥——外生；外甥女——外生汝；亲家公——亲家；亲家母——生姆。

【对动物的称谓】

蜈蚣——肖刚；青蛙——水归；蜥蜴——西噶抓；老鼠——楼期；兔子——透仔；鱿鱼——小管；墨鱼——墨节；章鱼——猴锥；苍蝇——胡蝇；蚊子——蠓仔。

【对时间的称谓】

黄昏——日落；晚上——宴时；早上——早食；中午——中昼；午后——晡时；古代——古早。

【对植物的称谓】

玉米——番麦；芙蓉菊——普英；马齿苋——母猪草；苦菜——苦抓；芙蓉花——浮杏花。

田七——川七；藿香——太子香；凤梨——旺来；稻子——粙。

【俗语】

面目丑陋——猴头鼠目；绝不示弱——输人勿输阵；不称职——秀才挑担；无法收拾——鼻流鼻滴；初学抽烟——猴食薄荷；三三两两——放水灯。

【其他日常用语】

撒谎——白贼；演戏——搬戏；天气——天时；干净——清气；下车——乐恰；怎样——安怎；吃饭——假崩；浓茶——厚茶；好讲大话——凸风；流氓——鲈鳗；眼泪——目屎；裂开——必开；吃稀饭——食糜；事情——代志；赚钱——趁钱；高度酒——厚酒；闲聊——话仙；游玩——七桃。

厦门的历史与老城墙

厦门的历史文化

古时候的厦门因何而得名

人类生活在厦门岛上的时间，可以追溯到三四千年前的新石器时代晚期。而有文字记载的历史，则始于唐朝中期，至今已有1140多年了。据记载，在唐朝天宝年间，汉族人薛姓和陈姓分别从闽东的福安和闽南的漳州移民入岛，在洪济山下的南北麓聚族而居。而厦门市的行政建制则开始于宋朝，当时隶属于泉州府同安县。

关于厦门名字由来，现有三种不同说法。

一种说法是根据明万历年间《泉州府志》中的记载，厦门在明代以前是嘉禾屿上西南海边的一个小渔村，而且是船只启航停泊、人们出入的地点。明初洪武二十年（1387年），朝廷开始在岛上筑城寨，置卫所，并以"厦门"统称全岛，寓意"国家大厦之门"。厦门的地名，从此确立。此后数百年间，厦门也曾改名为"思明州""思明县"等。

第二种说法则是依据清道光年间的《厦门志》，厦门是周德兴在经营福建、设置沿海卫所时修建起的城池。

第三种说法源于1980年厦门市地名办公室编纂的《厦门市地名录》：厦门处于九龙江出海口下端，江中西边有一海门岛，按地理位置和水流方向，海门在上，厦门在下，俗称"下门"，"厦门"似系"下门"的谐音雅化而来。"门"在中国历史中是地名的通称，江河入海处有山崖的地方，古时的船户、渔民都会形象地称其为"门"。例如广东珠江口有"虎门"，行政特区有"澳门"，福建闽江口有"长门""五虎门"，漳州九龙江入海处有"海门""濠门"，此外还有"金门""下门"等。"下门"应是"厦门"的最早俗称。"下"与"虎""澳""长""海""金""濠"是地域的专称。就以福建漳州来说，"海门"在九龙江进入厦门港海域这边；"濠门"在海门的东北，按照方位来看，应该是指现在屿仔尾一带。在那里有个村落叫"石后"，"后"字用闽南话讲，叫"户"或"护"，而《辞海》给"濠"字的解释为"护城河"。因此，"护"字的话音就还有"濠"字的痕迹以及"户"字的谐音。而海门往下到鼓浪屿和厦门岛的地方，是海潮进出的通道，就像是护城河的河水进出的门，因此便是"濠门"。而"濠门"以下的一个门就叫作"下门"。"厦"与"下"，在闽南话无论文读或白读，话音的声、韵、调都是一致。因此，厦门的"厦"是由"下"演变的，由"下门"变为"厦门"，是文人雅化的。而且人们也习惯把北部叫"上"，南部叫"下"，闽南人还习惯把北方人叫"北顶人"，把南方人叫"下南人"。如此看来，"厦门"实为"下门"，比起泛称"大厦之门"或"华夏之门"，更有具体、确切的释义。

　　以上三种说法，各有依据，但第三种说法似乎更为可信。因为古时候命名往往喜欢以所处地点来命名。随着时间的推移，社会的发展，如今的厦门已不再只是一个小渔村，它早就因经济与文化而名扬世界了。

为什么厦门又叫鹭岛

　　厦门，又名"鹭岛"。这个美丽的名字，源于一段动人的传说。

　　相传远古时期，厦门地区荒无人烟，寸草不生。直到一群南归的白鹭飞到此地，停留在海岸边上稍作歇息。领头的大白鹭发现水里鱼虾成群，食物充足，既没有毒蛇猛兽的威胁，又不见猎人弓箭的危机，于是它便带领着这群白鹭在岛上定居。一些白鹭用自己的嘴与利爪，费尽九牛二虎之力，开凿出许多泉眼，将泉水引到岛上；另一些白鹭又从陆地上带来许多花草种子，播撒在每一寸土地上。顿时，小岛变得生机勃勃，热闹非凡。

这番景象使得盘踞在东海下的蛇王非常嫉妒，它想霸占这座美丽的岛屿，遂率领众蛇妖兴风作浪。一时间岛上飞沙走石，天昏地暗。白鹭们为了保护自己的家园，与蛇妖展开了殊死搏斗。领头的白鹭重创蛇王，赶走了侵略者，但它自己也身受重伤，倒在血泊之中。后来，在白鹭鲜血浸湿的土地上，长出了一株凤凰木。树的叶子如白鹭翅膀一般张开，树的花朵像白鹭的鲜血一样火红。为了纪念这群白鹭，厦门岛就被人们称作"鹭岛"了。

鹭岛

传说固然美丽，但"鹭岛"名字真正的由来其实是人们第一次登上这座小岛时，便看见成群结队的白鹭浮游在水面，于是冠之以"鹭岛"。白鹭属鸟纲鹭科，又名鹭鸶，嘴长、脚长、颈长，全身羽毛纯白，头后还垂着长长的白冠毛，背部有白色疏松的羽毛和尾翼，形态潇洒，惹人喜爱，是世界珍稀鸟类之一。而厦门的白鹭品种繁多，有小白鹭、中白鹭、大白鹭、中国鹭和岩鹭。在20世纪20年代之前，厦门的山野树林间到处都有三五成群的白鹭栖息，玩闹，翱翔于田间、海上。后来因城市发展建设，随着生态环境的变化，白鹭的数量慢慢减少，最后濒临灭绝。好在这几年生态环境受到了人们的重视，经过环境综合治理，白鹭又回到了岛上。因为是"鹭岛"，白鹭也是厦门的象征。除了"鹭岛"这个别称，厦门的许多地名也含有"鹭"字，许多招牌店名也都喜欢用"鹭"字命名，甚至厦门人取名也常常采用"鹭"字。1986年10月23日，厦门市第八届人民代表大会常务委员会第二十三次会议确定，将白鹭定为厦门的市鸟，三角梅为厦门的市花，凤凰木为厦门的市树。

除了"鹭岛"，厦门还有哪些别称

除了"鹭岛"这个别称，历史上的厦门还有过许多有趣的名字。

◎ 青门

这是晚唐时候一个叫罗隐的人取的。罗隐曾为《颍州陈先生集》写后序，文中有"甲午春（陈黯）告余（罗隐）以婚嫁之牵制，东归青门"。说陈黯于唐宪宗九年（甲午，814年）曾一度前往长安（今西安），而后东（西安为西，厦门为东）归"青门"。青门因此也就成为厦门的别称。

◎ 新城

清朝顺治十二年（1655年），因同安古城已于顺治五年（1648年）被清兵用炮轰陷，无险可守，郑成功遂拆掉部分城垣及官署、民房，迁官民入丙洲岛另筑新城。人们就区分开同安的古城与丙洲的新城。新城成为同安，也就是厦门的代名词。

◎ 嘉禾屿

"嘉禾屿"这个别称应该有很多人知道，这是宋朝时对厦门的称呼，那个时候厦门还属于泉州府同安县嘉禾里。

◎ 千户所、中左所

元朝立"千户所"，明朝为"中左所"，都是行政机构，在当时也都作为厦门的代名词。《艺文》中有记载："浯洲、嘉禾，泉南之捍门也。""浯屿一片地，在中左所海中，中左门户也。""中左者，同安之外户。"

◎ 思明

清朝顺治十二年（1655年），郑成功占据厦门设"思明州"，可见爱国复国之心。民国元年（1912年）改设"思明县"，脱离同安县独立存在后，被升为"思明府"，第二年废府仍为县。州、县、府也都是行政机构，到如今，"思明"仍作为厦门下辖的一个区存在。

◎ 桃源

据民国《厦门市志》中记载"厦岛如桃形"，名胜有"小桃源"，清朝末年的鼓浪屿更有"世外桃源"之称，于是厦门自然也就有了"桃源"这个别称。如今的厦门已非《桃花源记》中的虚幻，而是真正具有了"海上花园"的现实。

◎ "鹭屿""鹭门""鹭江"

"鹭屿""鹭门""鹭江"，则是从地形、江名、禽物等方面称呼，当然现在用得比较多的是鹭岛。

你知道鼓浪屿名字的由来吗

在海滨城市厦门的西南海面上伫立着一个小小的海岛，面积仅1.84平方公里，平面近似椭圆形，它就是著名的海上花园——鼓浪屿。它与厦门隔着不足1公里宽的厦鼓海峡，轮渡往返，十分方便。

鼓浪屿原名"圆沙州"，又名"圆州仔"，明朝时改称"鼓浪屿"。在小岛的西南海边，有两块相叠的岩石，长年累月受海水侵蚀，中间形成一个竖洞，每逢涨潮时波涛撞击着岩石，发出如击鼓的浪声，称为"鼓浪石"，鼓浪屿因此得名。

鼓浪屿

　　鼓浪屿常年无落雪，四季花开不断，莺声燕语。岛上的树木也都长得十分葱郁，繁花似锦。亭台楼阁掩映错落，一幢幢优雅别致的楼房沿着蜿蜒曲折的柏油路迤逦上升，在房前屋后和阳台、屋顶乃至墙头上，人们种上玫瑰花、兰花、菊花等各种艳丽芳香的鲜花，芳香四溢，景色十分宜人。随处可见的繁茂树木，翠绿的芭蕉、挺拔的古榕树、艳丽的凤凰树、清秀的绿竹，以及成片簇拥的花圃花坛，都令人目不暇接，流连忘返。后期的鼓浪屿已经较为平民化，再也不是贵族的地盘，已经发展成了厦门一个重要的旅游景点。

　　值得一提的是，鼓浪屿除了被称为"海上花园"，还素有"音乐之岛"的美称，因为早期的鼓浪屿每40户人家就有1户拥有钢琴，比例可谓是相当惊人，小岛也因此培育出了许多出色的钢琴家。岛上还有一个钢琴博物馆，里面收藏了30台古钢琴等重要展品，充分展现了世界钢琴发展史。

鲁迅曾在厦门大学任职吗

熟悉鲁迅作品的人应该知道，鲁迅的很多作品都是他在厦大执教期间完成的。其中包括《从百草园到三味书屋》《父亲的病》《琐记》《藤野先生》《范爱农》五篇文章，还有《汉文学史纲》，创作故事新编《铸剑》《奔月》等，共约17万字。就连《写在坟后面》也是鲁迅在厦门大学完成的。除了文学造诣上的收获，厦门大学还成就了鲁迅和许广平的爱情。

据资料记载，1926年9月4日至1927年1月16日，鲁迅应好友林语堂的盛情邀请，在厦门大学执教，开设了中国文学史和中国小说史两门课程。或许是因为鲁迅在厦大收获了爱情，所以厦门大学中文系教授朱水涌曾说："厦门是鲁迅一生中待过的最温暖的地方。"当年厦大的校长林文庆为了打响文科这块牌子，便游说福建老乡——《语丝》的领头羊林语堂来厦大做文科主任。林语堂南下执教后，鲁迅、孙伏园、沈兼士等《语丝》的精英也相继来到了厦大，后来一些现代评论派名家也陆续到来。一下子来了众多文化界的名人，使原来远离文化中心的厦门大学变得热闹起来，一时间成为了第二个北大。

厦门大学

林语堂交代夫人在家中做些好菜，时常叫鲁迅过来吃。有时候林语堂也会陪着鲁迅坐汽船到集美学校演讲。鲁迅曾在《写在坟后面》中写过："厦大今夜周围是这么寂静，屋后面的山脚下腾起野烧的微光；南普陀寺还在做牵丝傀儡戏，时时传来锣鼓声，每一间隔中，就更加显得寂静。电灯自然是辉煌着，但不知怎地忽有淡淡的哀愁来袭击我的心。"字里行间可见其忧伤的心境。本来鲁迅预备在厦大执教两年，但只待了4个月就辞职了。鲁迅在厦大的这段生活中，一直都受到林语堂的悉心照顾，可见当时他们的情谊还是很深的。

你知道厦门大学校训的由来吗

"自强不息，止于至善"是厦门大学的校训。

1921年4月6日，是厦门大学立校的日子。开校式演讲台中间悬挂的，便是陈嘉庚指定的四个大字——自强不息。而"止于至善"则是第二任校长林文庆来到厦大任职后提出的，后来厦大将二者结合在一起，定为校训。

厦门大学校训

"自强不息"语出《周易·乾》，"天行健，君子以自强不息"，指自觉地积极向上、奋发图强、永不懈怠。而"止于至善"则出自《礼记·大学》，"大学之道，在明明德，在亲民，在止于至善"，指通过不懈的努力，以臻尽善尽美而后停止，也就是说不达到十分完美的境界绝不停止努力。对于这八字校训，厦大校长朱崇实将其解释为"不懈努力，追求卓越"。朱崇实曾说过："厦门大学的目标就是办成一所在科学、在民主、在多种先进的思想和文化潮流中都能够站在前列的大学，一所能够源源不断地为社会提供最先进、最符合社会需要的各科人才的大学。"纵观历史过往，厦大已培养了卢嘉锡、张克辉、谢希德、陈景润、何宜慈、黄保欣、黄克立等杰出人物。日复一日，年复一年，不知多少年轻的身影曾在这里沉思，多少鲜活的面孔曾在这里留影，又有多少厦大学子自五湖四海而来。

说到厦门大学，就不得不提起一个人，那就是陈嘉庚。20世纪30年代初期，全球经济危机，陈嘉庚的企业也遭遇了沉重打击。在最困难的时刻，有人劝他削减汇给厦大的经费，但他却回答说："我吃稀粥，佐以花生仁，就能过日子，何必为此担心。"之后，陈嘉庚以"出卖大厦维持厦大"的感人之举支撑着厦大，直到1937年，实在无力支持，才将厦大无条件献给国家，厦门大学也因此由私立学校改为国立学校。1937年，抗日战争全面爆发。战火延至厦门，为不中断办学，厦门大学举校内迁至闽西山城长汀。据厦大管理学院老教授葛家澍回忆，在长汀的时候，学校的条件极为艰苦，山城里没有电灯，师生的教学、生活都受到影响，校长萨本栋便把他的专用汽车的发动机拆掉，改装成发电机，为大家供电照明。战火纷飞的八年里，厦大师生同心协力，自强奋斗，在重重困难之下依旧坚持教学，并获得了巨大成就。在1940年和1941年南京国民政府教育部举办的首届和第二届全国专科以上学校学业竞试中，厦门大学均名列第一。南京国民政府教育部全国通令嘉奖，厦大也因此被誉为"南方之强"。起初，厦门大学只有9个院系，后来发展到15个，学生数量也从刚到长汀的196人增加到1000多人。当时来中国考察高等教育的英国学者看到厦大在如此困难的条件下，依然能坚持下来并且不断地发展，他感到非常震撼，并称赞厦门大学为"加尔各答以东的第一大学"。当时的南京国民政府教育部也称厦大为"东南最高学府""国内最完备大学之一"。

如今，来到厦门大学，在美丽宁静的芙蓉湖畔，依然能看到立着的八块石碑，每块石碑上皆刻有一个字，连起来便是厦大的校训——自强不息，止于至善。

历史上的厦门与其各行政区划的变迁是怎样的

厦门市是我国五个经济特区之一，现辖思明、湖里、集美、海沧、同安和翔安6个区，通行闽南方言。

行政区划图

晋太康三年（282年）置同安县，属晋安郡，后并入南安县。

唐贞元十九年（803年）析南安县西南部置大同场，五代后唐长兴四年（933年）升为同安县，属泉州。

宋属清源军、平海军、泉州。元属泉州路。明属泉州府。

洪武二十年（1387年）始筑"厦门城"——寓意"国家大厦之门"，"厦门"之名自此列入史册。清顺治七年（1650年）郑成功驻兵厦门，清顺治十二年（1650年）置思明州。

康熙二十三年（1884年）设台厦兵备道，道尹驻台湾府治，康熙二十五年（1686年）以泉州府同知分防设厅。雍正五年（1727年）兴泉道（后为兴泉永道）自泉州移驻厦门。光绪二十九年（1903年）厦门鼓浪屿沦为"公共租界"。

民国元年（1912年）4月析同安县嘉禾里（厦门）及金门、大小嶝置思明县，9月升思明府，旋废。民国四年（1915年）分出金门、大小嶝设金门县，同年置南路道。

1933年"中华共和国人民革命政府"设厦门特别市，旋废。

1934年设同安县、思明县属第五行政督察区（驻同安）。

1935年4月以厦门及鼓浪屿等7个岛屿设厦门市，撤销思明县设禾山特种区，与同安县同属第四行政督察区。

1938年5月至1945年9月沦陷，10月恢复厦门市建制，设中心（后改思明）、开元、鼓浪屿、禾山4区。

1949年10月，同安县与厦门市解放。同安被设为第五专区，厦门则属于福建省直辖市。

1950年10月，厦门市设立开元、思明、鼓浪屿、厦港与禾山5个区。三年后，同安县的集美镇也归厦门市辖。

1958年1月，禾山区被撤，改设郊区。同年8月，同安县从晋江专区划属厦门。

1966年8月，开元区更名为东风区、思明区更名为向阳区，后又恢复原名。

1978年9月，厦门设杏林区。1987年，厦门又增设湖里区，郊区改名为集美区。

1997年5月，同安撤县设区。至此，厦门市共有鼓浪屿、思明、开元、杏林、湖里、集美、同安7个辖区。

2003年，经国务院批准，厦门市行政区划进行了部分调整。思明区、鼓浪屿区与开元区合并为新思明；原杏林区的杏林街道办事处和杏林镇划归集美区管辖，杏林区更名为海沧区；设立翔安区，并将同安区所辖新店镇、新圩镇、马巷镇、内厝镇、大嶝镇5个镇划归翔安区管辖。目前，厦门市共有思明区、湖里区、集美区、海沧区、同安区和翔安区6个市辖区。除此之外，厦门市还设立了许多经济管理区，包括厦门出口加工区、厦门象屿保税区、厦门海沧保税区、厦门集美台商投资区等。

你知道厦门各行政区名背后的故事吗

2003年5月，经国务院批准，同意厦门市调整部分行政区划。调整的主要内容包括：思明区、鼓浪屿区和开元区合并为思明区，原三区的行政区域划归思明区管辖。将杏林区的杏林街道办事处和杏林镇划归集美区管辖，杏林区更名为海沧区。设立翔安区，将同安区所辖新店、新圩、马巷、内厝、大嶝5个镇划归翔安区管辖。行政区划调整后，厦门市辖主要有思明、湖里、集美、海沧、同安和翔安6个区。每个行政区都有自己的故事和重要地位。

◎ **思明区**

明末清初，郑成功抗清复明，驻军厦门时，将厦门改为"思明州"，取"思念明朝"之意。新中国成立后，厦门市划分行政区域时，特设立"思明区"以纪念民族英雄郑成功。思明区是厦门市的经济、政治、文化、金融中心，位于厦门市南部，北面与湖里区毗邻，三面临海，与小金门诸岛和漳州大陆隔海相望。下辖鼓浪屿、鹭江、中华、厦港、开元、筼筜、梧村、嘉莲、莲前、滨海等10个街道办事处，设有96个社区居委会。

◎ **湖里区**

1980年，政府决定从禾山公社划出2.5平方公里的土地设立厦门经济区——湖里区，区名就取自原禾山公社湖里大队的队名，它是厦门最早的经济特区。湖里区成立于1987年11月，位于厦门岛北部，现辖5个街道、45个社区居委会，面积65.78平方公里，占厦门岛面积的47%，海岸线长达24公里。

◎ **集美区**

集美区位于厦门市的几何中心和厦漳泉三角地带中心位置，西北与漳州长泰交界，东北与厦门市同安区接壤，西南与厦门市海沧区毗邻，东南连接厦门岛，区位优势独特。集美区全区总面积276平方公里，下辖灌口、后溪两个镇，杏林、集美、侨英、杏滨四个街道办事处，35个社区居委会，21个行政村。历史上的集美区分属同安县，同安县最大的河流是东溪，再向南的一段海峡，称浔江。集美是浔江西岸的末尾，因此原先人们称它为"浔尾"或"尽尾"，明朝时，有当地村民将其改为"集美"，厦门话中"浔尾""尽尾"和"集美"，音基本相同，于是名称逐渐为"集美"所代替。

◎ **海沧区**

海沧区位于海沧半岛，与厦门岛隔海相望。它原本叫杏林区，2003年更名为海沧区，区名取自所辖的海沧镇。海沧镇自古代开始是海滨聚落，三面环海，故以"海"为名，初称海口。又因境内有沧江（今九龙江），后得名海沧。优越的港口条件和广阔的发展空间，使海沧区早在300多年前就已成为福建南部拓海贸易的重要港口。后来的海沧区更是凭借不可替代的自然禀赋和潜在优势，被列为厦门拓展港口经济和迅速发展大工业的最佳区域。

◎ **同安区**

同安区又称"银城"，是厦门最大的行政区，也是著名的侨乡和台胞祖籍地。同安一地古称大同，境内有座梅山，又名同山。因古时东南沿海社会秩序不够安定，所以当时起名将"同"与"安"相结合，设立同安县，寓意平安。后划分出同安区，有百姓"求同安共乐"的含义。2003年，厦门市区划调整，将原同安区一分为二，拆为同安区和翔安区。调整后的同安区仍为厦门市最大的行政区，现有土地总面积658平方公里，辖6个镇、2个街道办事处、7个农林场、81个行政村、44个社区居委会。

翔安区位于厦门市东部以北，居于厦漳泉闽南"金三角"中心地带，是重要侨乡和台胞祖籍地。古时翔安区域被划为翔风里、民安里，后在两地名各取一字而得名，也寓意腾翔安康。2003年，厦门市行政区划调整后，翔安区被从同安区里分割出来，成为厦门市最年轻的行政区。翔安区东北与泉州市交界，西面与同安区接壤，南部隔海与金门岛相望，是目前祖国大陆距离金门最近的地方。翔安与金门鸡犬相闻，历史上嫁娶往来频繁，血脉相融。两边语言相同、民俗相近，还拥有全国唯一的对台小额商品交易市场——大嶝对台小额商品交易市场，称得上是两岸的"大超市"。

为什么厦门要选择三角梅作为市花

1986年10月，三角梅被厦门市第八届人民代表大会常务委员会第二十三次会议确定为厦门市的市花。从此，三角梅便开始进入厦门的千家万户，进入鹭岛的平常百姓之家。每年的3月和11月，正是三角梅盛开的时节，厦门的大街小巷，开满

三角梅

了红色、粉色、紫色、白色等颜色的三角梅，它们一朵朵、一串串、一簇簇，把厦门装点得分外美丽。

相传，在很久以前，老城绣衣池有一个绣娘叫小梅。小梅长得漂亮，绣花的手艺也十分出众，还会吟诗作画，很多公子都慕名而来。这些公子和小梅谈书画，也谈绣花，并建议小梅将诗意融入刺绣当中，然后由他们将小梅的刺绣带往全国各地。在对小梅青睐有加的公子中，有一位

曾公子长得一表人才，而且才华横溢，小梅对他很是倾心。只可惜这位曾公子在婚姻上十分传统，坚守着父母之命，媒妁之言，并且早有婚约在身，只能婉拒小梅的爱意。送走曾公子的小梅十分伤心，时常感慨心爱之人却偏偏不爱自己。后来，小梅的绣品得到很多文人的喜爱，还有一位名叫胡应能的诗人为她的绣品写诗。小梅被这位诗人的才华打动，便想去认识一下这位诗人。可惜后来发现胡应能并不是一位诗人，只是一个补瓦匠，并且穷困潦倒，卧病在床。与胡应能交谈许久后，小梅为他的时运不济而叹息，并决定留下来照顾他的后半生。后来，胡应能去世了，小梅也回到自己的故乡，并且终生未嫁。在她死后，人们发现了一种美丽的植物，心形的叶子包裹着美丽的小花，十分灿烂，人们相信这是小梅的化身，代表着她追求真爱的勇气和决心。

虽然三角梅不是什么名贵的花，但它不畏凄风苦雨，也不挑地势高低，一年四季都会盛开，刚柔并济，朴实无华。它体现了厦门的风貌、厦门人民的性格和厦门经济特区的腾飞景象，因此人们选择了三角梅作为厦门的市花。

厦门是如何成为古代"海上丝路"重要口岸的

闽南地区"海上丝路"口岸，旧时为泉州港。明朝中后期，漳州的月港将泉州港取而代之，并繁盛了160多年。但由于后来月港港口淤塞，加上朝廷例行海禁，闽南一带从事海上贸易的商人渐渐地改在厦门及其周边的

海上丝路

海沧、高浦、刘五店等偏僻小港进行交易。因厦门地理位置优越，港口条件好，故逐渐取代了月港的位置，成为我国东南沿海著名的经商口岸。据《孔恩文鉴》记载，明朝天启四年，厦门巨商与荷兰人贸易时，生丝的年销量一度高达80000斤，是整个中国帆船队在印尼销量的两倍半，厦门"海上丝路"的重要地位由此可见一斑。

在郑成功、郑经据守厦门时期，荷兰和英国都曾获得批准前来开展贸易。当时，英国从厦门进口的商品以丝绸、白铜和大黄为主。自1681年到1753年间，前来厦门的英国航船就有25艘之多。

清初例行海禁，但康熙年间，朝廷接管台湾郑氏政权后，特批准解除海禁，并在厦门设立海关。一时间，厦门商家云集，到处呈现一派繁荣景象。乾隆年间是鸦片战争前厦门对外贸易的黄金年代。当时前往东南亚各国贸易的洋船，平均每月有20艘左右。嘉庆年间，来自暹罗和吕宋地区的米商大量涌入厦门，他们用白银换回我国的丝绸、瓷器等土特产。

作为我国海上丝路的重要口岸，厦门的繁荣一直延续到鸦片战争前夕。鸦片战争后，全国经济凋敝，厦门也不例外。直到新中国成立后，厦门经济才开始了新一轮腾飞。

厦门的老城墙

厦门原来有城墙吗

很多人不知道，厦门原来其实也是有城墙的。如今厦门城墙的遗址位于福建省厦门市思明区新华路43号东侧，成为省级文物保护单位后被称为"厦门所城"。

关于厦门城墙的来历，可追溯到明朝年间。明洪武二十七年（1394年），明政府为了加强海防，防止倭寇侵扰，便令夏侯周得兴在东南沿海筑建所城。厦门古城墙原周长1360米、高6米，基广约2.9米，设4个城门、22个窝铺。4座城门依次为东"启明"门、西"怀音"门、南"洽德"门、北"潢枢"门。移永宁卫中、左千户所官兵驻军1240名戍防，厦门至此有"中左所"之称，属福建都指挥使司，与金门所城、高浦所城以及永宁卫城、镇海卫城互为犄角，大大巩固了海防系统。明永乐十五年（1417年），城墙增高为7米，四城还增设月城。明正统八年（1443年），加筑敌楼4座。

清康熙二十年（1681年），清军在与南朝郑氏政权的对战中将厦门城摧毁。康熙二十二年（1683年），福建水师提督施琅收复台湾之后，重新修筑了城墙，并将周长扩至1920米，城墙增高至9.6米，还在明代古城内成立水师提督衙门。康熙二十四年（1685年），旧的城墙被拆除，城墙也重新扩建至2000米。清乾隆十七年（1752年），厦门城墙经历了第二次重修和扩建。鸦片战争时，英军攻占厦门城后，城垣逐渐废弃。直到20世纪初，厦门城墙依旧保存完好，内外城轮廓分明。只可惜在1919年的时候，厦门市政会倡议开辟马路，方便交通，厦门古城墙及其附属设施大部分都被陆续拆除，仅存北面城墙一段，总长约80米，西北至东南走向。墙体两侧以花岗岩条石干砌而成，中部以三合土填筑。条石长1.4米，宽0.28米，高0.3米，以横纵相间的形式排列。如今的厦门古城墙是厦门城遗留的重要遗迹，也是厦门城市发展历史的重要见证，截至2003年，考古发现的只约120米。

1994年，在厦门建城600年之际，市政府拨款15万元对古城墙进行维修，修复城墙64米，复建城垛28个，清理环境，立碑建亭，铺造通路，并召开了纪念厦门建城600周年大会。

厦门城墙遗址上的题字是怎么来的

在厦门城墙的岩壁上，刻有"山环水活"四个大字，这是清代福建水师提督杨歧珍亲笔题写的。"山环"指的是古城东面有玉屏山，北面有万石岩，西面有狐尾山，山峦层叠环绕。而"水活"则是指厦门城南面对着大海，可远望海水，时而碧波万顷，时而惊涛拍岸。除了"山环水活"这四个字，厦门城墙遗址处还有更为著名的两处甘国宝的题字刻石。两处刻石相距不过10米，是乾隆二十六年（1761年）六月，甘国宝任福建全省水师提督，在驻守厦门时所题。

两块刻石，一块题有"瞻云"二字，字径在0.5米左右，隶书横刻。并用楷书记录下了题字时间和作者，右侧直题"乾隆辛巳荔月"，左下方直书"甘国宝题"。康熙二十三年（1684年），第一任福建水师提督施琅在厦门古城内建提督署，署中有澄心堂、足观堂、八风亭、方池、怪石等建筑名胜。"瞻云"二字表示在此地登高远眺可以瞻望风云变幻之景。还有一种说法是，甘国宝借用《史记》中称赞帝舜"其仁如天，就之如日，望之如云"的典故，其寓意在于歌颂"康乾盛世"。

另一处刻石是一块状似仙桃的岩石，上面刻有"曼倩偷"三个字，字径0.4米，用行书在左侧署"和庵"。"曼倩偷"这个碑刻引用了东方朔偷桃的典故。东方朔是西汉文学家，武帝时为太中大夫，曼倩是他的字。相传，在汉武帝寿辰之日，宫殿前突然有一只黑鸟从天而降，武帝不知其为何物，就去问东方朔。东方朔回答说："此鸟为西王母的坐骑'青鸾'，它此时飞来，想必是王母将要前来为陛下祝寿。"果然，不多时，西王母带着七颗仙桃飘然而至。西王母将两颗仙桃留下自食，其余五颗送与汉武帝。汉武帝食用后，想要将桃核留下用来种植仙桃树。西王母见状，说："此桃三千年一生实，中原地薄，种之不生。"又指了指东方朔说道："他曾三次偷食我的仙桃。"因此，便有了东方朔偷桃的典故。后来传说东方朔因长命18000岁以上而被奉为寿星，于是后世帝王寿辰，就常用东方朔偷桃图来庆贺，以示长寿。

有着600多年历史的厦门古城墙被遗忘在一片闹市之中，虽然多次被有关部门提出保护，但对它了解的人却少之又少。这座始建于明洪武二十七年（1394年）的古城墙，当时主要的作用便是防止倭寇侵扰。清朝康熙年间，施琅收复台湾后，在明代古城内成立水师提督衙门。康熙二十四年（1685年），原来的城墙被拆除重新扩建，城墙周长也被扩至2000米。清乾隆十七年（1752年），古城墙再次重修。如今所见到的古城墙，实际上是经过施琅将军扩建后的。城墙最高点有宽阔平台1处，面积大约100平方米，此为厦门城最高处，平台上的高炮掩体设施为厦门解放初期驻军所筑造的，其主要作用便是架设高射炮，以防国民党军的飞机轰炸。2012年1月9日的厦门两会，台盟厦门市委员会就这段位于厦门市公安局附近出米巷的古城墙，提出提案《关于在拟建的厦门古城公园内增加海防历史及名人纪念主题的建议》。厦门古城墙遗址再次受到了重点保护。

厦门的街桥地名

厦门的街桥

厦门的四朝古桥分别是哪些

厦门有四座古桥，是当地文物保护单位，它们分别是苎溪桥、五显第一溪桥、深青桥和樵溪桥，合称为"四朝古桥"。

◎ 苎溪桥

苎溪桥位于集美后溪镇苎溪村口，在古同安连接漳、泉两地的古驿道上。它始建于北宋大观年间，南宋乾道年间重建，是一座平梁式、东西走向的桥梁。其面宽2.6米、高4米，八墩九孔，桥墩呈船形。元代文人邓子实有一首名为《苎溪》的诗，吟咏的就是它："日照松梢宿雨干，秋风剪剪作轻寒。青林缺处云山好，更过桥西仔细看。"

◎ 五显第一溪桥

五显第一溪桥位于同安五显村西，与同安影视城前一座现代桥并肩。第二溪桥位于五显村北，第三溪桥位于安炉村北。它们始建于元大德年间，是同安通往泉州府的古道桥梁，也是北同安往金门水路的起运点。石板桥共有9孔，而且每孔跨径各不相同，最大跨径6.6米，最小跨径4.8米。两边的石护栏呈墩船形，基石巨大，垒砌结构严谨。

◎ 深青桥

深青桥位于集美区灌口镇深青村深青社东南面后溪仔与落壁溪交汇口，桥身长24米，桥面宽4米，桥高4.8米，船形桥墩长4.9米，宽2米。全桥均用巨大的条石铺砌而成，是古驿道的必经之路。

◎ 樵溪桥

樵溪桥位于万石植物园内紫云岩附近。此桥为单墩双孔石梁桥，桥墩为天然巨石，桥宽1.5米，桥两旁皆有石阶可供上下。除此之外，桥边还有南明永历七年（1653年）岱州余宏所题的"樵溪桥"摩崖石刻，值得一观。

关于苎溪桥都有着哪些传说

苎溪桥始建于北宋大观年间，于南宋乾道年间重修过一次。整个桥体呈西南—东北走向，全长73米，桥面宽2.6米，分九段铺架长5米、宽0.5米的花岗岩石板，共计45条。该桥是厦门地区现存最长

苎溪桥

的宋代石构桥梁，也是古代同安去往漳州的要道，桥身共有舟形石桥墩8座，每墩横长5.2米，面宽2.5米，间隔9个流水孔，向上游方向呈船首形。

苎溪源出集美区与长泰县交界的白盘岭，南注杏林湾入海。"苎"指的是苎麻，据《嘉庆同安县志》记载，苎麻、青麻、黄麻为同安地区特产。苎麻的皮可制成绳子或用来织布，织出的"苎布"，又被当地人称为"夏布"，即"用糯糊抽过而织者曰糊布，用纺车成缕而织者曰纺苎。苎经棉纬者曰合苎"。曾有禅诗描绘过旧日苎溪两岸的景象："云

深树老空山里，日暮舟横野渡边。绕屋芦长迷曲径，当门花落就流泉。"

关于芦溪最早的故事可以追溯到晚唐。话说唐宣宗李忱没当上皇帝时，为了躲避朝中的纷乱时局，曾一度遁迹闽南。有一日李忱路过芦溪，偶遇农夫苏公、陈婆夫妇，便"留宿庵中，具鸡黍"。李忱询问百姓农情，苏公说田间干旱缺水，收成并不好。后来李忱登基，仍然没有忘记当年的一饭之恩，于是命有司"筑陂，自芦溪上流沿山开凿水道至苏营十余里，灌田数百顷"。此陂据说由生铁铸成，人称"陈婆陂"。"陈婆陂"修成造福后世，乡人为了纪念苏公、陈婆的功德，便将二人奉为"田祖"。

还有一种说法是芦溪桥是在观世音菩萨的感召下修建的，这又是怎么一回事呢？

古时芦溪水深流急，每逢潮汛，水漫良田。某日，有位相貌非凡、气质高雅的贵妇人经过此地，见溪水滔滔滚滚，横亘眼前，不由秀眉一扬，提高声调对随从说："有溪水挡路，怎能没有桥？"当地官府立刻急调人马，赶着施工建桥。至于这女人是何身份，无人知晓，有的猜测她是皇宫贵人，有的说她是观音化身。总之，这座桥的建成，多少与她有关。

除此之外，修建桥梁的过程也非常具有传奇色彩。芦溪桥几处桥墩呈倾斜之状，相传，当年工匠们在建桥时，从远处走来了一个蓬头垢面、衣衫褴褛的老乞丐，工匠们闲来无聊便拿他开涮取笑。老乞丐无端被欺辱也不生气，只是微眯双眼，口中念叨着："要倒，要倒。"不想，经他这一念，桥墩竟向一边缓缓倾倒。众人见状大吃一惊，想来定是遇见高人了，连忙请求他别再念咒语，并端出好酒好饭招待他。于是，老乞丐又说了一句："要倒，要倒，再造却没那么好。"倾斜的石板立刻定住，至今都坚固无比。

樵溪桥是郑成功读书的地方吗

樵溪桥是四朝古桥中最短的一座，位于厦门万石植物园内。它横跨在樵溪两岸的天然石墩上，石板黝黑，因桥旁保留着南明时期的摩崖石刻而具有文物价值。整个石桥以花岗

琴洞

岩石砌造，呈西南—东北走向，长14米，宽1.5米，为单墩双孔石梁桥。桥的东北端架置于岸边巨石上，西南岸以石砌墩台为支体，桥中部以天然巨石为桥墩。桥面以7块长条石板并列铺成，桥两端各有3～5级石阶，东南岸桥边岩石上有南明永历七年（1653年）岱州余宏所题"樵溪桥"石刻。

在桥边高大的相思树的掩映下，古色盎然。站在桥上，向东眺望，可以看到一个个层叠的水池。流水从脚下潺潺流过，卧石如琴，溪水抚石，如弦带音，正所谓"倾耳静听流水调，却疑钟子写水弦"。过了石桥顺着樵溪向山间走去，步行100米左右，便可看见溪流上有一巨石层层堆叠而成的天然石洞，这就是当地人所说的"琴洞"。琴洞的洞口宽和高都在2.5米左右，洞内高5米，宽3米，长13米。因为洞中卧有一形如古琴的长石，每当溪水流经石下，撞击响声宛如古琴的音韵，所以被称为"琴洞"。在洞口上方的岩石上有清乾隆年题刻的"琴洞"二字。自清代以来，琴洞便是厦门最为著名的自然景观之一，如今仍然有络绎不绝的海内外游客徜徉于林间古道中，寻访着古人的足迹和情怀。琴洞旁山麓有一处"高读岩"，相传那里是明末清初郑成功屯兵厦门时，常来读书的地方。据《厦门志》中记载："过樵溪其高处，即高读岩，相传

为郑氏读书处，今俱废。"只可惜，如今高读岩已废，只有琴洞犹存。

深青桥的名字是怎么来的

深青桥位于集美区灌口镇深青村深青社东南面后溪仔与落壁溪交汇口，桥身长24米，桥面宽4米，桥高4.8米，船形桥墩长4.9米，宽2米。全桥均用巨大的条石铺砌而成，是古驿道的必经之路。

据说，宋代以前集美区灌口镇并无深青这个地名，那个时候的村民无论耕田经商，都得涉水过溪，十分不便。如果赶上了大雨，引得山洪暴发，所有人就只能闲在家中。时间久了，村民们就有了集资建桥的愿望，在各村家长的发动下很快就凑齐了人力物力。然而溪深水浑，看不清水底，无法打造桥基。于是村民们便拜祭水神，也许是民众的诚意感动了水神，溪水变清了，

深青桥

桥也顺利建成。村民们为了纪念，就将桥四周的区域取名为"深青"。

关于深青桥，还有一段传奇的抗日故事。在抗日战争期间，日寇侵占了厦门，并在岛外的灌口地区派遣一小队鬼子兵扫荡。据灌口的老人回忆，那一小队鬼子兵在灌口一带烧杀抢掠，无恶不作。当时的灌口虽然有很多土匪出没，但都是些穷苦人家出身的血性男儿，被逼无奈才做了土匪。这些土匪听说了鬼子的暴行后非常生气。有一天趁着夜色，10多名土匪带着土枪土炮埋伏在灌口三社路口准备伏击，刚好有一队鬼子兵从路口经过，土匪们从树后、墙边放冷枪。鬼子兵被打得措手不及，很快就被打散了。土匪们便凭借对地形的熟悉，采用迂回战术与鬼子兵

周旋，逐个击破。鬼子兵见吃了大亏，纠缠下去也占不到便宜，只好灰溜溜地退回去。第二天，日寇准备采取大规模的报复行动，但出发前得到情报，得知那天晚上伏击他们的不是政府军，而是一帮土匪。因为日寇不愿意消耗过多的兵力和精力，于是就取消了报复计划。

厦门沦陷期间，经常有飞机从灌口上空飞过。灌口镇深青村的村民之前听说，高楼、桥梁都是日寇飞机轰炸的主要目标。为了保护千年古迹深青桥，到了晚上，村民自发组成护桥队伍，抱来发黄的稻草，把石桥严严实实地隐蔽起来。敌军从高空的飞机上向下望去，还以为只是一条普通的黄泥巴路，深青桥由此躲过一劫。当时的深青村村民还找到了一个天然的防空洞。每次遇到空袭，村民们就井然有序地撤到牛岗岭，躲进竹仔林的一个天然石洞内。据依旧健在的灌口老人讲，那个石洞很宽敞，全村数百人可以在里面避难。洞内不仅空气流通，还有细泉流过，可为村民提供水源。

你听过南门桥的传说吗

根据民国《同安县志》记载，同安的南门桥，又称铜鱼桥，位于同安城南铜鱼门外，在宋朝乾道年间，由县令雷光胄重新修缮。虽然南门桥的始建年代已经无从考证，但可以确定的是至少在宋代之前。南门桥在明代曾一度毁于大火，之后又历经多次重修，如今所见的南门桥建于20世纪90年代，桥身与铜鱼池相对，桥下怪石嶙峋，水位颇深，有文物"金车石刻"在其上。

南门桥横卧在厦门同安东溪的上方，桥面呈拱形。关于它的形状，还有一段令人啼笑皆非的故事。

相传明朝中期，有一个官员前来担任同安知县。然而这名知县只顾自己升官发财，全然不顾当地百姓的死活。他上任后，各种横征暴敛、巧取豪夺，每天绞尽脑汁搜刮民脂民膏。有一天，这个知县来到了同安南门。他看着脚下滚滚的溪流，心里想着，要是金银财宝可以像这条小溪一样源源不断地流进自己的腰包，那该有多好啊！想着想着，他有了一个坏主意。知县召集手下的亲信，编造了一个欺上瞒下的造桥规划。他将规划呈报给上司，谎称要在南门外修建一座"站在桥头看不见桥尾"的大桥，并且开列一大笔所需款项。说来这个知县的上司也是昏庸之辈，他认为这个造桥工程完成后必定宏伟壮观，气派不凡，也能为自己的政务添些成绩，于是很爽快地批准了这个造桥计划，并下发款项。知县见计策成功，欣喜不已。他把大部分拨款都装进了自己的腰包，但又怕上司查问起来不好交代，于是就留下少部分拨款用以实现"站在桥头看不见桥尾"的谎言。他在南门外草草建造了一座桥，将桥的中段建得高高凸起，首尾两端低垂，形成了一个弓形。人站在桥头远远望去，被桥中段挡住了视线，还真就看不到桥尾了。只是原本规划中的"站在桥头看不见桥尾"的宏伟长桥，建到最后，实际全长仅有80米，这个知县还真是个老奸巨猾的贪官啊！

你知道曾厝垵的含义吗

位于厦门岛东南部的曾厝垵，三面环山、面朝大海，风景秀美。作为最为古老的临海渔村，曾厝垵有不少闽南特色的红砖古厝，以及南洋风味的番仔楼，被称为"中国最文艺的渔村"。

曾厝垵的海辽阔苍茫，海水咆哮着扑向沙滩、礁石，激起阵阵浪花，海岸线逶迤漫长，沙滩松软干净，天空明净高远，沿岸花木成荫，景区还设有木栈道和观景亭，波澜壮阔的景色每年都吸引了大批的海内外游客。曾厝垵不仅是文艺的世界，还是美食的天堂。小街深巷商铺林立，这些商铺以卖海鲜、姜母鸭、沙茶面和卖奶茶的居多，宁静古朴的房舍里透着繁华的气息和文艺的味道，家家店铺都装饰得很有文艺感，名字也起得妙趣横生，让人忍俊不禁。有叫"曾阿驴奶茶"的，有叫"乐町"的，有叫"三年二班"的，有叫"青梅爱上竹马"的，有叫"陶渊鸣"的，还有叫"做鸭"的，喜欢美食的吃货们千万不要错过哟。

除了美食和商铺，曾厝垵大大小小的客栈也特别多。这些客栈不仅装修得很文艺，名字起得也同样很有诗意，比如"海达小屋客栈""梦旅人音乐客栈""悦蓝湾客栈""阳光满屋客栈"等。此外，渔村里还有曾氏宗祠、拥湖宫、福海宫、太清宫、启明寺等古老的建筑，作为厚重历史的缩影，呈现在世人的眼前。

风景秀美的曾厝垵一度被人们称为"小鼓浪屿"。在这里，有许多异国风情的咖啡厅、私人定制的主题公寓，成千上万的游客被其吸引，前往此地游览观光。但你可知道在曾厝垵的地名背后，又有着什么含义呢？其实，在闽南语体系里，"厝"意为住宅，"垵"意为平缓的居住地。"曾厝垵"，就是"曾氏家庭聚居之地"。除曾厝垵外，厦门还有吕厝、袁厝。顾名思义，它们分别是吕姓人、袁姓人的聚居地。

在厦门岛沿海村庄，如曾厝垵、五通、黄厝等地区，一直有一个流传已久的习俗叫作"日本忌"，是民间为纪念当年被日本侵略者残杀的亲人所举行的民俗活动，至今已持续了70年。厦门一带的"日本忌"源于1938年日军侵占厦门岛屠杀村民，由于当时同日遇难的村民很多，民间有为先人"做忌"的习俗。于是每到农历四月十三日，村民们都会为这些亲人做"忌日"，因为他们是被日军残杀的，因此形成了"同日做忌"的"日本忌"。可以说"日本忌"是厦门人民当时遭受日本侵略者蹂躏、残害的一个证据。即便如今人们的生活与以往相比已经大不相同，但老一辈的曾厝垵人仍对70年前日本侵略者对无辜村民残杀的沉痛历史记忆犹新。铭记历史，才能负重前行。

你知道厦门著名的中山路吗

在厦门旅游，除了可以欣赏鼓浪屿、白城沙滩、厦门大学等地的美景，还有一个地方一定不能错过，那就是中山路步行街。作为厦门最老牌的商业街，中山路的人流量最大，商品种类最多，也最有名气。提起厦门的中山路，就好比提到纽约的曼哈顿、东京的银座、香港的中环、北京的王府井、上海的南京路……代表的是一个城市的繁华景象和时代韵律。

中山路

厦门中山路是一条通向大海的路，街道两旁是骑楼建筑，地面连着店堂，用LED灯装饰夜景、照明。

作为厦门最知名的道路之一，中山路全长1.2公里，宽14.7～15.5米，是厦门市一大著名地标，还曾被选入"中华十大知名步行街"。其实，经历过近百年风雨磨砺的它可谓"命途多舛"——前前后后，数次更名。中山路最初是为了纪念孙中山先生而得名的，但在日伪统治时期，被日伪政府勒令改名为大汉路。后来，日军撤出厦门，又从大汉路改回中山路。1966年，中山路与中华路、公园南路一起并称为"东方红路"，直到1979年10月再度复名为中山路，并沿用至今。

嘉禾路与嘉禾女神有关吗

嘉禾路位于厦门岛内，全长9.6公里，是厦门岛内最繁忙的南北向交通要道。为什么要将这条道路命名为"嘉禾"？这与一个美丽的传说有关。

相传远古时期，厦门的土地不适宜农耕，岛上的人民只能靠打猎、捕鱼、采集野果来维持生计。一天，有一位仙女无意间瞥见了这座小岛，并被岛上美丽的风光景色所吸引。于是仙女从天而降，下凡来到小岛上。可降落凡尘之后，仙女才发现岛上的人们生活十分艰苦，常常食不果腹，衣不蔽体。仙女不忍看见众生受苦，决心要帮助岛上的人们。于是她回到天界，多方游说众仙施救，最终仙女不屈不挠的意志感动了天庭，玉帝将一茎数穗的黄澄澄的饱满稻谷赠予她。仙女来到小岛海湾深处向阳的肥沃山坡上，向四方撒下谷种，霎时间贫瘠的土地上竟然迅速地长出了禾苗。到了秋天，田里果然长出了沉甸甸、黄澄澄的谷穗。她把这一茎数穗的稻谷分给人们，并教授人们如何播种培育。自此以后，小岛上的居民有了丰硕的粮食，告别了以往艰辛贫苦的生活，再也不会饿肚子了。为了感激和纪念女神的恩德，当地人尊称这位仙女为"嘉禾女神"，并为其建造神像以祭祀供奉。嘉禾路，也是取这段故事中的吉兆而得名的。

厦门的地名

你知道鼓浪屿岛名的由来吗

　　鼓浪屿，原名"圆沙洲"。当时，这个岩石遍布的小岛渺无人烟，只有白鹭、海鸥在此栖息。宋末元初，嵩屿的一些渔民在出海捕鱼时遭遇风浪，于是，他们选择到岛上来避难。渐渐地，越来越多的乡民来小岛进行开发。由于海滩上有一块高过人头、中有洞穴的礁石，一旦风浪冲

鼓浪屿

击，便会"咚咚"作响，酷似鼓声。人们便把这块巨大的礁石命名为"鼓浪石"，这座小岛也因此正式得名为"鼓浪屿"。

在鼓浪屿流传着许多故事，有一个故事的主人公既不是达官显贵，也不是风流才子，而是一个出家人。这个人名叫高春泽，是广东人，出家为僧时法号为"达仁"。高春泽做和尚的时候云游四海，足迹遍及国内名山大川、古刹圣地。高春泽在云游四海的同时，也行医治病，尤其擅长治疗风伤、移轮接骨和妇科等疑难杂症，在民众中有极好的口碑与声望。

话说有一年，他到惠安行医时，有位女病人上门来求诊。这女子的病颇为怪异，当地的不少名医都束手无策。高春泽经过细心地诊断分析，大胆地下药试药，不久就治好了她的病。而在治疗的过程中，女子也对高春泽产生了爱慕之心，并大胆追求，最终打动了高春泽。高春泽便还俗跟女子结婚了。婚后的高春泽在鼓浪屿的龙头路开设了平民药店。因为他所开的处方疗效显著，所以前来就诊者络绎不绝。高春泽坐堂行医，妻子抓药收银，夫妻二人感情十分和睦，不久后便有了儿女。行医期间，高春泽秘制的万应紫金膏，专治风伤和无名疮毒，药到病除。虽然已还俗，但他仍有慈悲之心，对家境贫寒的病人从不收诊费，于是厦门人都称他为"和尚仙"。

然而世事难料，高春泽医人无数，可当自己的第二个儿子患上了哮喘后，不仅他自己治不好，其他的医生也束手无策。后来，他打听到广州怪医谭孟勤发明的细辛汤对此症十分有效，于是亲赴广州求医问药。谭孟勤看他心意虔诚，于是将医治之法传授于他。高春泽回到家后按方抓药，果然治好了儿子的病。晚年的高春泽决定放弃从前所学，以谭孟勤的《医学经验谈》一书为临床指导，专以细辛汤方治病，并研制了细辛丸以方便患者服用。所以人们又称他为"细辛先"。厦门的许多名医都与高春泽交情深厚，在彼此交流医术时，细辛汤处方也开始应用于临床

厦门的街桥地名

医学，后来渐渐就形成了厦门细辛汤方的流派。

"菜妈街"这个好玩的名字是怎么来的

自古以来，厦门就是有名的渔港，靠海吃海的渔民出于对神灵的敬畏，有许多老人，尤其是老妇人都会定期吃斋。吃斋按闽南语的说法就是"吃菜"。

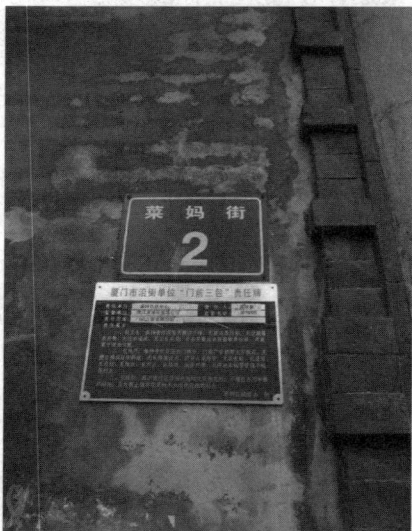

菜妈街

菜妈街位于幸福路与故宫路之间，它是一条长268.2米，宽2.9米的小巷。清晨的菜妈街既宁静又热闹，很多往来买菜的老阿姨们站在卖菜的摊位前讨价还价。但当你走过地摊，步入街边小巷子后，周围一下子就安静下来了。偶尔会有一两只小猫咪不知从什么地方溜出来，悠然自得地散着步。

历史悠久的菜妈街上有好几处富有特色的古建筑，诸如菜妈街4号、菜妈街13号、菜妈街39号等，其中最为有名的便是菜妈街4号。菜妈街4号是一座拥有上百年历史、极富欧式风格的南洋老别墅，前身为中华民国将军府邸。老别墅造型别致，至今仍保留着最初的面貌。门头、墙壁和窗户上的石头浮雕依然清晰可见，只是有些花纹的表面因时间久远，已经模糊发黑。

暗迷巷有什么深刻含义

位于开元路东南，西起大井脚巷，东至土地公祖巷，有一条长138.6米，宽1.3米的小巷子，名为暗迷巷。这条小巷是厦门市最窄的巷子，窄到仅能容一人通过。

初听巷名，可能很多人都会觉得奇怪，究竟有什么样的魅力，让人们会对这条小巷暗地里着迷呢？其实，暗迷巷背后并无甚深刻含义，暗迷巷的得名只是因为"稀饭"。"暗迷"的读音在闽南语中与"稀饭"的读音是一样的。这里旧时是一条专卖稀饭的巷子，故起名为稀饭巷，后来传着传着就成了暗迷巷。

清末民初时的暗迷巷一带是海滨区域，均匀分布着大大小小八九个码头，与厦门岛有一水之隔的石码、浮宫、白水营、嵩屿、东屿等地区的农民，经常将他们生产的农副产品运到暗迷巷这边进行交易，渐渐就形成了油市、菜市、猪仔墟等市场。暗迷巷内有几个专门摆摊卖稀饭的小贩，这些小贩的主要顾客为附近市场的工作人员及农户，为其提供稀饭、咸菜之类的简餐。时间一长，稀饭竟然成了这里的标志性商品。

从土地公祖巷进入暗迷巷，前行50米左右，便可看到一栋高耸的红砖楼，上面的门牌号为"暗迷巷6号"。这栋中西合璧式的豪华建筑便是林驷安堂了。林驷安堂的原主人林驷安本是在南洋做煤油生意的富豪。从南洋做生意归来后，林驷安建造了这栋漂亮的别墅。整栋别墅分为主楼与副楼两个部分，在主楼和副楼之间有一个不大的内院。主楼高三层，设有外廊，外廊立柱、栏杆上雕刻的花纹图饰非常精致，就连建筑顶层阳台上的花浮雕纹饰也设计独到。制造圆拱的建材中融入闽南石材，红砖白石相结合，形成了强烈的视觉效果。2001年林驷安堂被厦门市政府规划部门正式列为重点保护建筑，是厦门重点保护的68幢特色建筑之一。

洪本部街是洪旭的衙门所在地吗

位于桥亭街附近的本部巷有2米多宽、284米长，因为这条巷的31号民居是洪旭的故居，所以这条巷就被人们称为"本部巷"。厦门的路名中较相似的有"洪本部街"和"本部巷"。虽然名字相似，但洪本部街在开元区的开禾路附近，本部巷则在思明区的桥亭街到马箭巷之间，这两条可谓是一南一北。路名相近，却又相距甚远，这就有必要了解一下它们之间到底是怎样的关系了。至今已有300多年历史的洪本部街一头连开禾路，一端接磁安路，长230米。郑成功在厦门驻扎军队时，他的部将洪旭曾经在此设立"兵部衙门"，称为"本部堂"。后来成了路名，前头冠个洪字，就成了"洪本部街"。洪旭原本系明末海盗郑芝龙的部下，在郑芝龙投降清朝后，归依了郑芝龙的儿子——郑成功。由于洪旭才能出众，深得郑成功赏识，故郑成功在北伐金陵、东征台湾期间，都安排他留守厦门。于是，洪旭的兵部衙门也就设在这条小巷里。

洪本部街里有块刻有"洪本部路头告示"的残碑，上面记录着古代"城管"对于违规搭建、破坏公共秩序的行为会有怎样的处罚。其中一段内容是这样记载的，凡有"贪图占地，不顾碍人，辄将傍近路头

洪本部街

之海坪侵占，填土盖房"导致"海坪夹填日伸日长，则路头从中日形其缩，以致潮涨则路淹没"，大意是说若是有自私的人在靠近路头或者码头的地方乱搭乱盖，致使路头或码头不能正常使用，牺牲公众利益只为方便自己，将依法处置，即让他们"永远不得侵占填筑，伏乞立舆重罚，确示遵行"。根据这块残碑上的记述，偷鸡、占道、违规搭建都有相应的处罚措施，尤其是违规搭建的人，是要被关在笼子里去游街的。

"大使巷""小使巷"原名叫什么

厦门的小使巷位于开元路北，西起打铁街，东至外校场。整条巷子长105米、宽1.5米，因为巷子狭窄，而且要与大同路的大使巷区别开来，故起名为"小使巷"。

大使巷位于原厦门市大同路段，小使巷则连接着打铁街和外校场。两条小巷的原名都非常不雅——分别为"大屎巷"和"小屎巷"。这是为什么呢？原来，在60多年前的厦门，居民室内一般没有设置专门的下水道。大家都习惯使用传统马桶，污物积满后便拿到大型公厕倒掉。这些倒掉的污物被人们运到海边码头，再转运至农村作为肥料。由于两个大型公厕都位于巷子里，故一条巷叫"大屎巷"，一条巷叫"小屎巷"。又因为将"屎"字作为路名实在太不雅观，鉴于"使""屎"同音，故敲定街名时就将它们更名为"大使巷"与"小使巷"了。

对于很多厦门人来说，"小使巷"已经是一个年代久远的地名。形成于明末清初的鹭江老城区道路有85条，小使巷就是其中一条。只不过在1980年地名普查时还存在的街道，如今已经有很多消失了，像因郑成功部将洪旭衙门驻地得名的洪本部路头、新填地街等都已不存在了。后来，大使巷也因大同路整修，被并入大同路，只有小使巷仍然被保留，至今还有一座公厕在那里。

小使巷的环境不是很好，部分巷道因多年废水的侵蚀，早已长满了绿苔，要小心走过才不会滑倒。巷子里的杂物也非常多，一个人通过都有点困难。快走到靠近打铁街的巷口时，总会不时地闻到一股来自打铁街的禽畜臭味。处在八市边缘地带的打铁街，多年来形成了一个小型的农贸市场，窄窄的巷子里摆满了装满禽畜的筐子，里面鸡、鸭、鸽子等样样俱全，每天到这里买东西的人们络绎不绝，十分热闹。

一个城市的地名是一座城市最真实的发展史，小使巷的地名则记录了早期厦门人的生活状况。

施琅曾经在土地公祖巷中藏匿吗

土地公祖巷，位于开元路与土堆巷之间。它的名字来源于早已消失的土地公祖庙。这座小庙又名"仙祖宫"，始建于宋朝，是厦门地区最早的土地庙。后来，土地公祖从庙名衍变成路名，小巷从此有了个"土地公祖巷"的名字。别看土地公祖巷小，它背后却有一段令人唏嘘的历史故事：相传，郑成功的叛将——施琅曾藏匿于此，后来脱险，投降清朝，重建土地公祖庙。1920年，为了建设开元路，土地公祖庙被拆除了很大一部分。随着时间的推移，城市的发展，目前小巷内的寺庙已经被完全拆掉，只剩下路名。

说到施琅这个人，就不得不提起他颇为传奇的一生。施琅是福建晋江人，清初著名将领，曾任清军副将、总兵、福建水师提督等要职，加太子少保衔，深得康熙帝的信任。由于他十分擅长海战，所辖部队以作战迅速、勇猛、果断而著称，于是人送外号"海霹雳"。

自幼生长在海边的施琅自小便力气惊人、见识出众，家里人对他寄予厚望。只可惜施琅好武不好文，对入仕为官的兴趣不大。随着家道中落，施琅索性弃文从武，拜师苦练武艺，研习兵法。当时，施琅有个叔叔叫施福，是明朝总兵郑芝龙的亲信。施琅在17岁那年，离开家乡投奔叔叔，很顺利地加入了郑芝龙的队伍。因为他作战英勇，战功突出，很快就被晋升为游击将军。1646年11月，时任南明太师、平国公的郑芝龙见明朝大势已去，于是派人联络清政府，打算投降清朝。清朝平南大将军博洛许诺郑芝龙，投降后让他任闽粤总督。于是，郑芝龙不顾儿子郑成功的劝阻，率领包括施琅在内的部众赶赴福州归顺清军。然而，投降之后的郑芝龙才发现上了当，自己非但没能当上闽粤总督，反而被挟持进京软禁起来。而随郑芝龙投降的官兵被分配到清军大营内，施琅也被编入攻打南明政权的清军中。

1648年，施琅听说郑成功起兵抗清，于是率领弟弟施显和一些部将投奔到郑成功麾下。

当时的郑成功起兵不久，力量还十分弱小，而施琅又年长自己几岁，作战经验丰富，因此非常器重他，任命他为左先锋，视其为自己的左膀右臂，每每遇到大事都要和他商量之后再做决策。一开始，施琅也一心一意地为郑成功效劳，率军攻下漳浦、揭阳等地，扩大了郑成功的势力。然而时间一长，恃才傲物的施琅与年轻气盛的郑成功之间摩擦不断，矛盾也越来越多，致使二人的关系不断恶化。1651年，施琅因反对郑氏"舍水就陆"的战略方针和强征百姓粮饷的做法，与郑成功产生了严重的分歧。

1652年4月，施琅手下一个名叫曾德的标兵，因违背军法犯下了死罪，曾德害怕受到惩处，便投奔郑成功，被郑成功提拔为亲随。施琅得知后大为愤慨，派人把曾德捉回并斩首。郑成功见状勃然大怒，下令逮捕施琅及其父亲施大宣和弟弟施显。施琅在被逮捕后不久便逃脱，藏匿在副将苏茂家中，并请人去见郑成功，希望能从中调和。哪承想郑成功非但不接受调解，反而派人前去刺杀施琅，并且在行刺失败后，一怒之下将施大宣和施显杀了，生生将施琅逼上了投清之路。清廷任命施琅为

厦门的街桥地名

清军同安副将，没过多久又把他提升为同安总兵。就这样，一场"曾德事件"终于使施郑二人分道扬镳，施琅也由郑成功的亲密战友变成强大的对手。

"光彩街"取的是流光溢彩的含义吗

厦门市区位于厦门岛的西南部，数百年来它不断变迁，逐渐向鹭江扩展，如今所见到的海岸线已经和过去完全不同了，原来的海岸线究竟是什么样子的，恐怕就连最权威的地方学者也难以准确地解答。但是，有一点可以肯定的是，光彩街、后厅衙巷、夹舨寮巷，这些原汁原味的老街巷，是依傍着原来曲折的海岸线而建的。而厦门第一条马路——开元路及此后建设的大同路，则是截断这些老街巷填海而建的。

光彩街位于麦仔巷与后厅街巷之间。乍一看，这条街破破旧旧，实在不像是有任何光荣历史、色调鲜明的样子，显得非常神秘。既然光彩街并不光彩，那它为何要以光彩为名呢？原来，"光彩"是"棺材"的谐音。光彩街实际上是旧时的棺材巷。在这条小巷中，到处都是打制棺材的店铺。由于棺材巷的名字不太雅观，故取其谐音，名之曰"光彩街"。当然，如今的光彩街已经没有打制棺材这一行当了。

值得一提的是，在以前棺材店也喜欢集中于夹舨寮巷，这是为什么呢？原来，开元路紧接厦禾路处的地段旧名为"浮屿"，古时候这里是滨海地带。那时候在海边建有一座造船厂，是修造过洋巨舶的厂房，叫"夹舨寮"，因此，便有了夹舨寮巷。既然附近有造船厂，当然免不了需要木材作为用料，木材从码头源源不断地运进，也就催生了一家家棺材店。而棺材巷和后厅衙巷，同样也是紧邻码头的街巷，有类似的地理环境，棺材巷里散布着棺材铺和喜轿铺也就不足为奇了。

赖厝埕是赖氏人家的聚居地吗

赖厝埕是大元路的前身，许多初来乍到的游客，都会把这里理解为姓赖的人家的聚居地。其实，并非所有在此地居住的人都姓赖，只因为在这里出现过一位英雄母亲赖大妈，所以才被人们称为"赖厝埕"。

相传，在清朝康熙年间，担任过福建水师提督的吴英，自幼便父母双亡，穷困潦倒，在其未发迹时，只能寄居在一座古庙——万寿宫里。有一天，吴英实在饿得不行了，只好偷窃古庙的贡品。就在他吃时，恰巧被居住在附近的赖大妈发现。赖大妈心地十分善良，见吴英小小年纪便孤苦无依，吃尽苦头，心中十分不忍，于是便收养了吴英，节衣缩食，把钱省下来供他读书。几年后，吴英要去从军，赖大妈亲手缝制了一双鞋让他随身携带。吴英舍不得穿，便把鞋系在腰间。有一次在与敌军的交战中，吴英所在的部队失利，不得不向后撤退。在撤退过程中，吴英发现系在腰间的鞋子丢失了，于是他不顾生命危险，扛着大旗又回到战场上寻找。敌方看见去而复返的军旗，以为有援军来到，慌乱之下纷纷溃散。吴英的部队见状，回到战场将敌军打得措手不及。于是乎，这场战役因为赖大妈的鞋，使吴英的部队反败为胜，吴英也因此领赏做官。后来，赖大妈的事迹在当地流传开来，人们为了纪念这位善良的英雄母亲，遂将大元路附近命名为"赖厝埕"。

你知道石顶巷的传说吗

石顶巷位于厦门市内，关于其名字的来历有两种说法。一种说法是，此处原来是大街，清朝时期政府的主要官员到县政府去都要经过这条街，地方官员如果要与上级官员见面就得来此处"等大人"。此外，这条街上还有座石狮庙，当地人把它称为"石狮王"。人们在为这条街道取名时，觉得"石狮王"和"等大人"这两个名字都不像街名，于是便各取了两个名字中的头一个字，因厦门话里"等"与"顶"是谐音，所以便取名为"石顶巷"，并沿用至今。

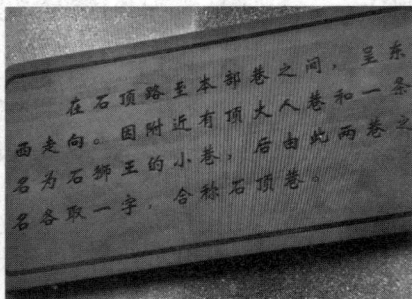

石顶巷

另一种说法则是源于一个有意思的故事。相传，古时候有户人家在自己家门前发现了一具死尸，而当地的官员还没有经过仔细调查，就要追究这户人家的责任。就在所有大人都惊慌失措之时，一个十来岁的小姑娘挺身而出，大声对官员说："如果真的是这家人杀人了，为啥要把尸体放在自己家门口？"听罢，这名官员顿时哑口无言，周围居民则纷纷拍手叫好。自此，小姑娘顶撞官员的故事在当地流传开来，这条小巷也被人们称为"顶大人巷"。后来，因为巷里有座石狮庙，于是人们从两个名字中各取一字，将其合称为"石顶巷"。

为什么"寮仔后"要改名为"水仙路"

寮仔后位于中山路一侧，与镇邦路相对的位置。这里在清朝初年是厦门造船业所在地，"寮"的意思是竹子搭建的简易工场，而位于船寮后的这条街道便被人们称为"寮仔后"了。从清初至清末，

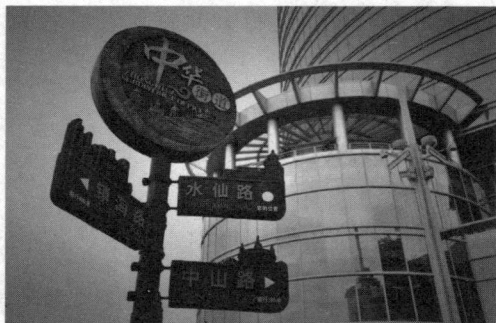

水仙路

寮仔后都是厦门地区的商业中心。整条街非常繁华，戏院、酒楼、客栈、商行应有尽有。以寮仔后为中心，还发展出了其他几条专业街巷，专门卖鸡的"卖鸡巷"就是其中之一。

到清朝末年，政府下令迁界。当时寮仔后附近很多建筑物都遭到了不同程度的损坏，除了水仙宫。当地人认为水仙宫的奇迹是因为水神显灵，因此在迁界后扩建了水仙宫，将寮仔后也更名为"水仙路"了。后来，水仙宫随着近代化城市建设的脚步被拆除，只有路名保留至今，成为历史远去后遗留的足音。

曾经的"台湾街"和"上海街"到哪里去了

旧时的台湾街和上海街，位于思明南路与中山路交界的十字路口处。前者因当地有许多台湾人开的店铺，故得名"台湾街"；后者因上海人聚居此处，故得名"上海街"。其实，"台湾街"的官方名称是局口街。"局口"的出处源于清朝时期，设置在此地的一个存放火药的铳局。"上海街"的官方名称则是"妙香路"，在20世纪50年代初期，是厦门市最出名的小吃一条街，可谓是"吃货的天堂"。如今，局口街与妙香路仍然安静地横卧在厦门街头，但"台湾街"与"上海街"的别名，已经湮灭在历史中了。

天马路和孙悟空有什么联系

天马路的名字典故来源于齐天大圣孙悟空。在《西游记》中，孙悟空大闹天宫，玉皇大帝不得不封他为弼马温。可当孙悟空发现自己的官职低微，受到欺骗后，一怒之下把所有天马放走，并大闹天宫。其中的一匹天马跑到了厦门集美海边，发现海边有座山风水俱佳，在此地一住就是千万年。后来，这匹马化作了天马山，天马路因其在天马山脚下而得名。

大嶝双沪村的"牛头"地名是怎么来的

在大嶝岛双沪村，有一处濒临大海，与金门对峙的海岸土墙。在这处土墙上，活灵活现地显示出两个牛头的花纹，牛的大眼睛、两个弯弓似的牛角都清晰可见。别以为这处泥纹图像不足为奇，在它的背后，还有一段体现了金门与大嶝人民深情厚谊的动人传说。

相传在600多年前，金门与大嶝海峡相距只有800多米，退潮时，人们可以涉水从大嶝到金门去。两岸人民交往十分密切，攀亲结友蔚然成风。当时双沪村有个农民叫作许地山，每天都会牵牛到山上，将牛绑在树杈上让它吃草。不料有一天，这头母牛挣脱了缰绳，趁海水退潮下海跑到金门岛去了。

这头狂奔乱叫的母牛在金门岛到处乱窜，还偷吃庄稼，被金门岛后浦村一位姓郑的农夫发现并收养。年复一年，这头母牛在金门拉车拖犁，繁衍子孙，牛最终成了金门人民运输和耕种的工具，为金门人民立下了不少功劳。随着时光的流逝，这头母牛渐渐衰老，它日夜思念着金门对岸的老主人，不断地流下悲凉的眼泪，它的心早已飞回了大嶝。新主人同村上的人为它举行了隆重的葬礼以纪念它为金门岛人民立下的汗马功劳。双沪村的人们为了纪念这牛头，就将那个地方取名为"牛头"。

厦门的山水人文

厦门的山水园林

莲花山上有哪些名胜古迹

莲花山位于厦门市同安区莲花镇后埔村，古称金冠山。山上有众多名胜古迹，令古今中外文人骚客流连忘返：宋理学家朱熹在同安担任主簿时，曾三次探访莲花山，并于山上留下"太华岩""灵

莲花山

源""文山""安乐村"等墨宝；清代康熙年间的宰相李光地也曾为莲花山的金光湖签发"护林谕"，成为这片山林的"护身符"。在石释洞内，还留存着五块佛家禅诀古石刻，它们是研究宋代佛家心法的文物史料。

莲花山自然风光秀丽，境内群峦竞秀，各具风采。有的气势磅礴，如"百丈丹崖""万仞壁立"；有的亭亭玉立，如"莲花石""玉兔""石瀑""灵蛇"。

◎ 太华岩

太华岩位于华岩寺前，系朱文公所题，取"华岳莲花"之意，字体

结构严谨，笔力苍劲。这块岩石高7.5米、宽11米，形状与莲花相似。石下有一天然石洞，当地村民称之为太华石室。石室中冬暖夏凉，是一处避暑胜地。

◎ 天门洞

天门洞是由几块岩石构成的天然出入口，需低头才可出入。过天门洞，再前行几步，就来到了七仙女峰的脚下。七仙女峰右下侧有两块小石头，酷似正在谈情说爱的青年男女，故得名"情侣岩"。情侣岩东侧，有一块像帽子一样的大石头，这就是传说中的"状元帽"了。以前同安秀才要进泉州赶考之前，都会来莲花山摸一摸状元帽。

◎ "十八叶"石

莲花山山顶有一块天然巨石，裂成18片，形状如同莲花花瓣，只是没有莲心。这就是莲花山的"十八叶"石了。因莲花湖一带多为叶姓村民居住，故当地有"莲花无心单单叶"的俚语流传。站在山顶上俯瞰四周，房舍田垄尽收眼底，令人顿生海阔天空、心旷神怡之感。

你知道仙岳山上土地庙有着怎样的赞誉吗

仙岳山位于厦门湖里，和思明区交界。整条山脉呈东西走向，山上建有天竺岩寺、观音寺、万佛堂等。

值得一提的是位于仙岳山半山腰处的土地庙，是个香火极盛的地方。当地人说，这座土地庙"不是名山胜景，胜似名山胜景"。

为什么一间小小的土地庙能够得到如许赞誉？原来，它最初建于宋朝时期。1938年，厦门沦陷，为躲避日寇烧杀抢夺，不少乡民选择在此处藏身，最终躲过一劫。这座土地庙为当地人提供了坚实的庇护，大家对它有极其深厚的感情。因此，土地庙成了乡民们心目中"胜似名山胜景"的所在。

东坪山有哪些值得一游的景点

厦门东坪山位于思明区内，与梧村山、坂尾山、大厝山、观音山等群峰连成一片，构成了厦门岛内最大一块"绿肺"。山中群峰参峙，谷壑纵横，既有悬崖峭壁之奇险，又有幽谷之秀丽，是闹市中难得的幽静之地。

东坪山

东坪山中，有许多值得一游的景点，如观景台、东坪山怪坡、半岭宫土地庙及蝴蝶谷等。其中，观景台设置在东坪山登山步道两侧，分别是龟石山观景台和一山观观景台。前者孤石兀立山巅，如老龟晒日；登上后者，向北鸟瞰，厦门岛全岛美景尽收眼底，向南则可远眺大小金门。东坪山怪坡，则是著名的"水往高处流"的奇观之所在。半岭宫土地庙始建于明朝，距今已有600多年历史，每逢初一、十五，当地百姓都会前往土地庙烧香祭祀，十分热闹。而蝴蝶谷位于东坪山往金鸡亭方向的分岔路口处。在这条山谷内，保育有厦门地区濒临灭绝的30多种蝴蝶。每年六七月，是观赏蝴蝶的最佳季节。游客可以在此地观察到"化蝶"的整个过程，趣味非凡。

五老峰的名字是怎么来的

五老峰位于厦门市东南隅。它旧名"五老山"，海拔185米，因其自西向东五座山峰凌空而起，白云缭绕之时，远远望去，就像五个须发皆白的老人翘首仰望茫茫大海一般，故得名为"五老峰"。

在五老峰上，有众多的名胜古迹。从南普陀寺转到后方，可以看到石坡上镌刻着的山名，迎面一块巨石，刻有一枚高4米、宽3米的特大号"佛"字，这枚"佛"字是清朝光绪年间振慧的手书。佛字岩左侧，仁立着由侨胞捐建的景峰和尚与喜参和尚的墓塔。穿过左侧的石径，是转逢和尚的墓塔。转逢和尚墓塔下侧，则是唐朝时期陈启公布施开辟的普照寺遗址。攀爬到峰顶，还可俯瞰秀丽的厦门大学风光。早先普照寺以洞为室，洞壁上有"飞泉"二字，洞外有"息心断臂"四字。五老峰半山上，有一个兜率陀院，是转逢和尚任南普陀寺都监时建的，太虚法师任该寺住持。清朝时期，五老峰上的"五老凌霄"被评定为厦门八大景之一。1997年，又被评定为厦门名门新二十景之一。五老峰风景之奇，由此可见一斑。

五老峰

五老峰山上遍植相思树，相思树来自台湾，所以又称"台湾相思"。至今大陆和台湾的骨肉同胞对相思树都有特殊的感情。

哪一座山峰是厦门岛最高峰

一提到厦门最高峰，大多数人的脑海中都会浮现出"日光岩"的名字。其实，日光岩是厦门鼓浪屿的最高峰，而洪济山的主峰——云顶岩，才是厦门岛上的最高峰。它高339.6米，风光奇绝，被列为原厦门"八大景"之首。

厦门
的山水人文

明末时期，郑成功据守厦门时，就曾在此处筑起瞭望台。后来，瞭望台成为了游人登山看日出的绝佳之地，乾隆皇帝在《鹭江志》中记载："其绝顶有观日台，四望环海，鸡鸣时，观日台火轮从海中跃出，甚奇。"对云顶岩的美景赞不绝口。

如今，云顶岩上已经修建起新的观日台。站在台上眺望，可见山下东海里金门诸岛

云顶岩

一字排开。它们如卫士一般，保护着厦门，使其免受太平洋风浪的侵袭。每个到过云顶岩上观日的游客，都会油然而生一种苍山如海之感。

日光岩的名字是郑成功起的吗

日光岩，俗称"岩仔山"，别名"晃岩"。相传日光岩的名字与郑成功有关，1641年，郑成功来到晃岩。他见此处美景胜过吉林的日光山，便把"晃"字拆开，称为"日光岩"。日光岩海拔92.7米，是鼓浪屿的最高峰。

在日光岩上，有许多文人墨客于此题词纪念。日光岩东面"天风海涛""鼓浪洞天""鹭江第一"的题词，系明朝万历年间丹阳少鹤丁一中所题；日光岩后侧岩石上"龙头山"字样，系1919年黄钟

日光岩

训所题；日光岩莲花庵前"晃岩"二字，系1916年朱兆莘所书；日光岩半山腰上的"古避暑洞"则系施士洁所题……除此之外，日光岩还存留着大量名人诗刻。我国近代著名的教育家蔡元培先生，曾于1930年在龙头山寨寨门遗址附近，写下"叱咤天风镇海涛，指挥若定降云高。虫沙猿鹤有时尽，正气觥觥不可淘"的诗句。这首诗歌颂了郑成功叱咤风云的军事才能和不可磨灭的民族气节。抗日名将蔡廷锴也曾题下"心存只手补天工，八闽屯兵今古同。当年故垒依然在，日光岩下忆英雄"之句，一方面表达了对民族英雄郑成功的怀念；另一方面也是作者自身投身抗日救国事业的内心写照。日光岩于1999年成为我国首家国家级风景名胜区。

金榜山与金榜题名有关吗

金榜山位于厦门市思明区，林木葱郁，奇石众多，人文景观十分丰富，有"海滨邹鲁""石簇迷雾""翠谷浮香""古道春荫"等多个景点。其中，"金榜玉笋"是最为著名的主体景点之一，它是一块高16丈的巨石，形如一块玉笋，故名为"金榜玉笋"。

金榜山

许多人都认为，金榜山的名字与金榜题名有关。其实，金榜山与"金榜题名"无半点联系，反倒是与"名落孙山"关系密切。早在唐朝时期，有两位名士带着家眷来到此处定居，声望很高。这两大家族一族姓薛，居住在洪济山西北；一族姓陈，居住在金榜山下。当时，两大家族有"南陈北薛"的说法。"南陈"就是故事的主人公——陈黯的家族。

陈黯祖父在朝廷做过太傅，属于大户人家的孩子，学识自不会少。在10岁那年，陈黯就学会了写诗。他在闽南地区也算是小有名气。他不仅是个才子，还是个孝子。由于自幼丧父，家道中落，兼之母亲体弱多病，他为了照顾家人，一直没有远赴京城参加科举考试。直到40岁时，在母亲再三催促下，方才动身入京应试。然而，陈黯没有料到，自己一走就是18年。他年年赴考，年年落榜。最后一次落榜后，陈黯决定放弃仕途，回到厦门。从那以后，他便隐居在金榜山上，著书垂钓，教书育人。由于18次考试均未考中，陈黯自嘲为"场老"，意思是在考场屡战屡败，已经是老先生了。因此，金榜山又得了个"场老山"的别名。再后来，陈黯隐居读书的山洞被辟为石室，石室上建"迎仙楼"，过去垂钓之所，也被人们称为"钓矶"。"金榜钓矶"从乾隆后，成了厦门一大名景。

天竺山是郑成功打败清军的古战场吗

天竺山位于厦门海沧区东孚镇西北，距离市区36公里。这座山森林

天竺山

覆盖率极高，达96.8%，奇岩怪石更是它的一大特色：仙桃石、海龟石、鹰嘴岩、巨石坊、八仙桌、千丈岩……光是听这些奇石的名字，就能令人产生无穷的遐思。

天竺山脚下有始建于唐代的真寂寺遗址，据说唐朝第十三代皇帝唐宣宗曾在此修行3年，并留下了浴龙池、浴龙桥、皇帝井等古迹。天竺山的林场场部则是一处古战场。相传，明末清初，郑成功起兵金门，以厦门为据点，从事抗清活动，在今东孚镇洪塘村一带开辟战场，击败清将陈锦。时至今日，每年的农历七月二十至二十四，数万群众仍自发来此进行盛大的祭祷、朝拜活动，持续数天，热闹无比。现天竺山林场部门口竖一碑，上面写有"郑成功击败陈锦处"，可供人们凭吊缅怀。如今，将自然景观和人文景观相结合的天竺山森林公园，凭借自己独有的闽南风情，已经成为一处避暑休闲的理想之地。

你知道厦门的观音山因何而得名吗

观音山位于厦门思明区中部西林社区，海拔251.7米。它紧邻环岛路，面向厦门东海域，与金门隔海相望，周边有香山、鸡山、观音山、虎仔山等，自然环境良好。此地早先有一块石头，形似观音，故而得名"观音山"。目前，观音山被厦门市思明区政府作为一个重点旅游项目来打造，目标是建成中国民俗节日的基地。每年的端午节，观音山都会举办大型祭祀活动。人们来到观音山分食粽子，举行射礼、投壶等古代游戏，参与包括挂艾草、刺五毒、斗百草等在内的传统端午节游戏，给游客带来古色古香的民俗文化体验。

值得一提的是，金榜山上那位18年考试不中的陈黯老先生，就埋葬在观音山上，墓碑题有"唐场老陈先生茔"的字样，不免令人唏嘘感叹。

胡里山炮台是世界上最大的海岸炮台吗

胡里山坐落在厦门岛东南海岬突出部，毗邻厦门大学。它三面环海，扼守厦门航道的咽喉及九龙江的出海处，与对岸的屿仔尾、龙角尾形成封锁厦门港的绝妙掎角，地理位置重要，因此被称为厦门的"天南锁钥"。

湖里山炮台

在胡里山上，有一座世界上现存最大的海岸炮台。这座炮台始建于清光绪二十年（1894年），为半地堡式、半城垣式，设东西两个炮台，安放主炮和护炮。炮台原安装了两门德国克虏伯兵工厂1893年制造的全钢炮，口径280毫米，炮重87吨，炮长13.9米，仰角可达30度，炮轮轨道直径7.36米，炮高4.6米，宽5.29米，可360度旋转，有效射程19760米，每分钟可发射1～2发炮弹。令人扼腕叹息的是，西炮台在1958年大炼钢铁运动中被拆毁。目前，胡里山炮台仅存东炮台大炮一门、护炮二门。

罗汉山上有多少尊罗汉

罗汉山原名青山岩，位于厦门同安区莲花镇。它是厦门知名人士林志良先生发起各界爱心人士兴建的，山上供奉着500多尊罗汉，均由汉白玉雕刻而成。这些罗汉造型丰富，变化多端：有怒目的金刚、沉思的比丘、赤脚的行者、袒腹的弥陀……它们被塑造得惟妙惟肖。

在罗汉山的山顶上，建有普贤菩萨的坐骑、佛教的吉祥物——吉象一尊。罗汉山中央，则矗立着一尊汉白玉释迦牟尼像。

这座山的建造改变了莲花镇村镇的经济面貌。每日两三万人次的海内外游客，

罗汉山

不仅解决了村民的就业问题，还带动了周边的旅游经济发展。

状元山上军营村与郑成功有什么联系

状元山是处在同安小坪的高峰，山体呈南北走向，四面较为陡峭，山体主要由燕山期花岗岩构成。村民在状元山上遍植茶林，层层叠叠的茶园梯田从远处眺望，像极了一幅美丽的水墨画。此处所产茶叶素有"莲花高山茶"之称，是厦门特产之一。

在状元山山麓上，有一座著名的自然村——军营村。要进入村里，免不了走过一圈又一圈盘旋的山路，令人顿生"扶摇直上九重天"之感。

状元山

军营村是厦门最为偏远的村落，历史可以追溯到四五百年前，彼时，郑成功为控制东南沿海地区的海外贸易，以厦门、金门为抗清复明的基地，修筑了多处城寨作为驻扎和训练军队的营地，军营村就是当时郑成功设置的

厦门的山水人文

65

基地之一。近年来，考古专家在军营村附近发现了古寨遗址和废弃的烽火台。古寨的寨墙围绕山顶而建，平面略呈椭圆形，寨墙以石块垒砌。寨内南侧的墙壁下建有一座石构神龛，供奉土地神。这些遗址有力地证明了军营村与郑成功的紧密联系。

你知道升旗山更名的缘由吗

升旗山原名石窟山，因为它山形略似弥勒佛，又被当地人称为"弥勒山"。弥勒山是鼓浪屿第二高峰，与岛内虎头山隔海相望，呈"龙虎守江"之势。1863年，洋关在鼓浪屿升旗山设立信号站，1877年，海关升旗信号站由白鹿洞迁到升旗山，"升旗山"因此得名。

大阪山上的"仙人足迹"是八仙留下的吗

大坂山位于厦门市集美区灌口镇驻地西北方，高905米。因其倒水面积较大，故名大坂。山上有一处景点名唤"仙人足迹"，相传是八仙过海时，路过大坂山留下的脚印。分布在大坂山东西两个山头的山体，构成了"顽童戏金狮"的有趣景象。另有一座像狮头一样的小山，洞口常年流出细细的清泉，当地人称为"流涎狮"。此外，大坂山还有诸多自然景观，如"水鸡崎""麻叶田""猪肚山""三龟一盘"等，非常具有游览价值。

在大坂山的山脚处，还有一座历史悠久的庙宇，名为"山口庙"。该庙始建于明洪武元年（1368年），后多次进行重修，如今庙宇坐北朝南，面宽13米，进深30米，占地400平方米，主体建筑为抬梁、穿斗混合式砖木结构，平面结构为三进两天井式，前、后殿为双翘脊硬山顶，中殿为重檐歇山顶。

在大坂山中，还有一处天然奇观，被世人称为"东辉大峡谷"。峡谷中有溪流、瀑布、巨石等自然景观。谷底溪流下多有巨石，叠压成洞，阻水成坝，立卧成景，叫人啧啧称奇。以东辉大峡谷为主要部分的东辉大峡谷生态旅游景区，已经逐渐成为集美乃至厦门的热门景区。

高仑头山仙女峰都有什么

在厦门翔安区新圩镇驻地北10千米处，有一座高仑头山。它与东南方的牛岭山、西南方的西格山呈三山鼎足之势，海拔有946.1米，是翔安区的最高峰。

风光秀美的翔安大峡谷，就位于高仑头山下，全长12千米左右。谷口位于大帽山农场罗田村，东面是古宅村，峡谷的中间部分处在高仑头山坡的溪园内。从谷口到尽头，两边是原始次森林，中间有裸露的岩石和潺潺的流水。翔安大峡谷盛产百合、金猴、何首乌、野生当归等200多种药材，因此周边的村民经常来这里采药。原始次森林郁郁葱葱，除此之外，这里还生活着山羊、野猪、山鸡等动物，可谓是物种丰富。

大峡谷中有许多形状各异的岩石。大的岩石，完全可以供3到5人野营露宿。谷口有块大石头，美其名曰"仙脚印"，传说是远古时代神仙下凡留下的足迹。峡谷内共有两块"仙脚印"，另一块在峡谷中部的仙女峰上。仙女峰地势险要，旁边还矗立着一块"望仙石"。据说每年农历十月初一，可以坐在这块石头上观望仙女风姿。除了"仙脚印"，大峡谷中还有一块酷似乌龟伸首的石头，当地人称为"神龟升天"。

同安美人山背后有什么凄美的传说

在厦门市同安区，有一座山叫美人山。传说，美人山是美丽善良的渔家女——阿美的化身。很久以前，有个渔夫有三个女儿，分别叫阿珍、阿珊、阿美。海龙王爱上了善良聪明的阿美，设计让渔夫网到自己，威胁渔夫将阿美嫁给他。结婚那天，海龙王要求阿美在任何情况下都不能流泪，不然他们的婚姻就会结束。

不知过了多少日子，渔夫因病去世。阿美强忍悲痛，结果被姐姐和乡亲们怪罪。伤心委屈的阿美再也忍不住，想到了轻生，不禁落下眼泪。海龙王在阿美哭泣的那一刻一命呜呼，这段婚姻从此宣告结束。

海龙王的灵魂非常心疼孤苦无依的阿美，他想出了一个拯救阿美的办法——他命令阿美躲在山间大树上，并告诉她如果有王子到树下休息，就赶快将眼泪掉在他的肩上。只要照办，阿美就可以找到另一个丈夫，开始另外一段幸福生活。果然，那位王子来了。阿美的泪水落在王子的肩头，王子发现了她。惊叹于阿美的美貌温柔，王子娶了阿美为妻。

阿美准备跟随王子离开故里，可是，那位海龙王的灵魂没有离去。他要求阿美在电闪雷鸣的雨夜，将他的尸体埋到床下。阿美自然照办，却被人揭发。待人们挖开床下，却意外发现整个坑里满是金币、珠宝，并且数量越挖越多。王子和阿美获得了这批珍贵的宝物，最终当上了国王和王妃。有一年，厦门地区闹灾荒。善良的阿美不计前嫌，收留了埋怨过她的姐姐和乡亲。年景好转后，阿美骑着天马回乡，就再没有离开过。后来，阿美与天马便化作了今天的西柯美人山和集美天马山。

厦门的人文景观

厦门博物馆的展览分哪几部分

厦门博物馆原址位于鼓浪屿八卦楼，是厦门市的标志性建筑之一。随着厦门经济和各项事业的快速发展，作为洋楼民居的八卦楼，无论在建筑的规模，还是在结构和功能等方面都不能满足博物馆保护、展示文化遗产以及事业发展的需要，2004—2006年厦门市政府将厦门工程机械厂旧厂房，改建为厦门市文化艺术中心。

2007年，博物馆的主馆搬迁到了厦门文化艺术中心，与厦门市图书馆、艺术馆毗邻。目前的厦门市博物馆建筑面积25300平方米，展厅面积9597平方米，库房面积2800平方米。

厦门博物馆

厦门博物馆分为四个主要陈列室：厦门历史陈列、闽台古石雕大观、闽台民俗陈列和馆藏文物精品展。其中，厦门历史陈列是博物馆最为主要的部分，对厦门的历史文化与重要人物进行了全方位介绍。在这里，大家可以看到很多厦门地区有名的历史文化名人，如陈黯、保生大帝、苏颂、朱熹、郑成功、陈化成等。

闽台古石雕大观，展出了宋代以来的石雕品近400件。它分为石雕长廊和石雕广场两个展区：石雕长廊是室内展区，分建筑石雕、宗教信仰、祖先崇拜三个部分；石雕广场是室外展区，以园林造景的形式呈现展品。闽台民俗馆的展厅共有五个，以春夏秋冬的民俗作为主干，通过陈列150余件近代民间文物，呈现了包括婚丧冠祭、衣食住行、耕作渔获、商旅经贸以及民间信仰等诸多富有特色的闽南文化风俗。馆藏文物精品展则陈列聚集了馆藏各类艺术精品，分为"抟泥幻化""玉润华光""翰墨飘香""金辉银韵"四个单元，展出珍贵文物216件，其中包括德化白瓷珍品、清宫旧藏玉器、著名闽籍书画家的艺术作品等，令人目不暇接。

胡友义先生为什么要创办钢琴博物馆

胡友义先生出身于钢琴世家。他的父亲热爱音乐，经常带胡友义前往三一堂听钢琴演奏。在耳濡目染之下，胡友义从小便与音乐结下了不解之缘。他十几岁时，就来到上海音乐学院就读，师从著名音乐家李喜乐和钢琴家顾圣婴。1960年，又前往比利时布鲁塞尔皇家音乐学院深造。目前，胡友义先生移民澳大利亚，但他依然心系故乡。他将自己毕生珍藏的70多架古钢琴不远万里运回厦门，并修建起我

钢琴博物馆

国独一无二的钢琴博物馆，这使美丽的鼓浪屿成为一座钢琴之岛。钢琴博物馆中，陈列有稀世名贵的镏金钢琴，有世界最早的四角钢琴和最早最大的立式钢琴，有古老的手摇钢琴，还有产自100年前的脚踏自动演奏钢琴和八个脚踏的古钢琴等，藏品十分丰富。除此之外，该博物馆还时常举办世界钢琴音乐资料展、鼓浪屿音乐名人成就展等，为厦门增添了几分人文魅力。

风琴博物馆有哪些稀世藏品

风琴博物馆位于厦门鼓浪屿。该博物馆是收藏家胡友义先生主持开办的，他是博物馆内所有藏品的主人。风琴博物馆中最为知名的藏品要数馆主在美国波士顿购买的"凯斯文特"巨型管风琴了。这架风琴高达13米，宽12.5米，重35吨，共有7451个风管和133个音栓，是目前国内最大的管风琴。最小的风琴，则是一架只有手提箱大小的手提风琴。它麻雀虽小，但五脏俱全。在只有80厘米长、30厘米高的小巧外形下，有39个按键。手提风琴是早期欧洲街头艺人使

风琴博物馆

用的，因为当时的街头艺人流动性大，使用小巧的款式便于随身携带。

你知道厦门的猫咪博物馆吗

厦门是我国最具有猫文化的城市，鼓浪屿更有中国猫岛之称。在厦

门市思明区思明南路上，有一条被称为"猫街"的小路。猫咪博物馆就坐落在这条猫街上。

猫咪博物馆属于我国第一家民营的猫咪主题博物馆。它占地200多平方米，布置得非常唯美、怀旧。人们步入博物馆，仿佛走进了一座童话城堡。猫咪博物馆中有各品种世界名猫60多只，每天展出的有20只左右，包括银渐层英国短毛猫、美国短毛猫、暹罗猫、红虎斑加菲猫、英短蓝猫等。你可以购买"与猫共乘"的门票，进入猫咪生活的空间里，与这些可爱的小精灵来一次亲密接触。但"与猫共乘"的项目每天都有一定限额，如果

猫咪博物馆

来得太晚，就有与它们失之交臂的可能。在猫咪博物馆中，能够找到各式各样的猫咪造型日用品、猫咪造型伴手礼以及猫的绘画雕塑等艺术品。这些小物件将猫的神情、形态和气质惟妙惟肖地展现了出来，深得爱猫人士的青睐。

厦门华侨博物馆是我国唯一的侨办博物馆吗

厦门华侨博物馆位于厦门市蜂巢山西侧，它是由已故爱国华侨领袖陈嘉庚于1956年9月倡办的，于1958年底建成，1959年5月正式开放，是一座以华侨历史为主题的综合性博物馆，也是我国唯一的侨办博物馆。

华侨博物馆占地面积约50000平方米，主楼面积约4000平方米，是一座用洁白花岗岩砌成的宫殿式大楼。在新建的牌楼式的大门上，镶嵌

着廖承志先生题写的匾额。
整座博物馆分为三个陈列馆，
分别是华侨历史简介馆、祖
国历史文物馆及自然博物馆。
华侨历史简介馆主要通过陈
列品向观众介绍华侨的产生
与发展、华侨社会的过去与
现在、华侨对祖国的贡献等。

厦门华侨博物馆

祖国历史文物馆则展出我国历代出土的文物和艺术品，陈列内容分为铜器、陶器、书画、雕刻四个部分，这些展品多来自陈嘉庚先生的个人收藏。自然博物馆有着多达2000件的各类鸟兽、水产标本，包括华侨赠送的澳洲葵花鹦鹉、犀鸟、泰国貘、印度尼西亚极乐鸟、懒猴、猩猩、新加坡虎等，还有一条长达4米的马来西亚大鳄鱼呢。

博物馆内馆藏文物共7000多件，其中有历代青铜器、陶瓷器、古钱币、古字画、古代雕刻工艺品、外国陶瓷玻璃器皿和珍贵的华侨历史文物，以及鸟类、兽类、鱼类、矿物标本等，其中有多件国家一级文物。

东方鱼骨博物馆有什么特色

东方鱼骨博物馆位于鼓浪屿，它于2003年由艺术家林翰冰先生发起创办。

鱼骨博物馆是目前国内乃至国际首家专业鱼骨艺术馆，在馆内展示着大量以鱼骨为原料制作而成的艺术品。鱼骨艺术采用的原料多种多样，除常见的骨刺外，还包括鱼鳍、鱼鳞、鱼眼、虾须等，这些餐桌上寻常可见的废弃物在经过脱肉、净白、去腥、去味、防霉、烘干等多道工序后，方可用于作画。经过艺术家巧妙的构思与精心的搭配，一系列栩栩如生的写实画、抽象画诞生了，令人们忍不住交口称赞。鱼骨博物馆是由20世纪的老别墅改造而成的，非常具有海洋风情。这里的镇馆之宝是一块巨大的鲨鱼骨，属于独一无二、不可复制的精品。如果你来到鼓浪屿，一定要去鱼骨博物馆看看。

东方鱼骨博物馆

桥梁博物馆由哪些部分组成

桥是人类历史上一项伟大的发明，它跨越天堑与汪洋，或壮丽，或婉约，将原本彼此分隔的风土人情联系在一起。对于厦门这样的海岛城市，桥梁的建设显得尤为重要。在很长的一段历史岁月中，厦门岛往来大陆只能

桥梁博物馆

依靠狭小的船只，若是遇上狂风巨浪的天气则无法出行，厦门便成了与世隔绝的孤岛。直至新中国建立，厦门同大陆之间也只有一条海堤能作为长期通行的纽带。细数岁月，不过是二十几年的光景，厦门大规模的跨海通道建设就已经取得了巨大的进步。自从1991年厦门大桥通车以来，海沧大桥、集美大桥、杏林大桥、翔安隧道等一条条崭新的桥梁隧道陆

续建成，共同成为了厦门与外界沟通往来的重要纽带。

厦门桥梁博物馆坐落在海沧大桥东岸锚碇内，它是在大桥硕大的锚碇里建起来的中国第一座桥梁博物馆。博物馆总共由三大部分组成，分别是海沧大桥建设展示馆、中国桥梁百年回顾展示馆及海沧大桥监控中心。海沧大桥建设展示馆位于一楼，它从设计、施工、科研、投融资、监理、景观等多角度完整地展示了大桥的建设过程。中国桥梁百年回顾馆位于二楼，它系统地介绍了关于桥梁的科技知识及世界各国不同历史时期具有代表性的著名桥梁，包括赵州桥、宋代泉州洛阳桥、美国旧金山金门大桥、南京长江大桥等，内容涵盖中西，横跨古今。大桥监控中心则位于五楼，它是海沧大桥交通指挥的核心。整座桥梁博物馆的造型设计独特、展示内容丰富、科技手段先进，为海沧大桥增添了几分人文气息。

只有在博物馆内看过当年大桥修建时的诸多影像记录之后，才能体会到当年的建设者在其中投入了多少心血与汗水，叫人心中怎能不产生敬佩之情。

陶枭是福建源古历史博物馆的标志性馆藏吗

福建源古历史博物馆位于厦门市五缘湾文化展览苑内，它与著名的厦门游艇码头、厦门五缘湾音乐岛遥遥相望。源古历史博物馆占地面积约20000平方米，馆内展示面积2000多平方米，收藏有1500余件珍贵文物，包括红山玉人、C形玉龙、战国笔洗、唐武士头等，其中陶枭被誉为该馆的标志性馆藏。

陶枭出土于红山文化遗址。在红山文化时期，先民们经常遭遇野兽攻击，希望能够如鸟儿一般轻盈飞起，以躲避可能受到的伤害。此外，当时人们靠农、牧、渔、猎生活，期待自己能像雄鹰那样轻易地捕捉到猎物，而猫头鹰（即枭）则具备一切优势，故而成了他们的图腾崇拜。源古历史博物馆中的陶枭锐喙圆目，以双足及尾为支足，雕塑技法古拙，神态威严，栩栩如生。因此，它当之无愧地获得了博物馆中标志性馆藏的地位。

亚洲最大的古玉专题艺术馆在厦门吗

在厦门五缘湾文化展览苑，坐落着一座亚洲最大的古玉专题艺术馆——厦门上古文化艺术馆。这里收藏有距今6000年至3000年的古玉2000余件，藏品之丰富，可列为国内私立艺术馆之最。

厦门上古文化艺术馆面积约10000平方米，分为展厅、内庭小花园、精品廊、书店等几个部分。展出的藏品囊括了齐家文化、红山文化、良渚文化、三星堆文化等各个文化类型的玉石器。展馆内有四个主题展厅：玉蕴山辉，主要展示石器时代古拙、质朴的石器、陶器；天造地设，主要展示承载了远古先民神话的精美玉雕；礼仪兴邦，主要通过玉礼器的组合再现了我国古代礼制的概况；远古辉煌，通过宏伟精美的大型玉器珍品，来展现古代文明的发达程度和工艺水平。这些展出的玉器上，大多铭刻有古老的文字，为研究我国夏商周历史及文字起源提供了珍贵的实证。

中国第一家奥林匹克专题博物馆是哪个

厦门奥林匹克博物馆位于厦门市思明区吕岭路2017号，是由国际奥委会和中国奥委会批准成立的中国第一家奥林匹克专题博物馆，也是国际奥林匹克博物馆联盟27家成员之一。它由世界著名建筑学家吴经国先生设计、创建，整座博物馆呈开放式结构，主体建筑分上下两层。在这里展出的大部分展品均系吴经国先生担任国际奥委会委员20年来个人收藏的相关文物及纪念品，包括奥运火炬、奖牌、邮票、徽章、纪念币、吉祥物等，共计11000余件。

奥林匹克博物馆

奥林匹克博物馆中最值得一提的是位于展馆大厅中央一块重80吨的长江碧玉原石，其精致壮观令人惊叹。在奥林匹克博物馆中游览，你可以深切地体会到"更快、更高、更强"的奥运精神，与千千万万的世界人民共同了解、感受和分享奥运的历史与辉煌。

厦门真的有馅饼文化博物馆吗

厦门馅饼，是来自鼓浪屿的一大驰名特产。1956年，厦门地区17家饼铺合并成立"鼓浪屿食品生产合作社"，两年后，更名为鼓浪屿食品厂。后来，在鼓浪屿设立了一家鼓浪屿馅饼食品文化博物馆，为外地游客普及鼓浪屿的饼食文化、保护食品遗产做出了巨大贡献。

馅饼文化博物馆中陈列着介绍鼓浪屿馅饼发展脉络的幕墙。在整体装修上，主打复古风格、中西合璧，各种具有年代特征的摆设品，包括老式油灯、暖水壶、制作馅饼的模具等无一不透露出温馨。不论是鼓浪屿龙头路的旧街景、长条凳，还是一沓沓的旧粮票、米票、菜票、蛋票、肉票，都非常具有地域特色。在这里，人们不仅能对厦门的馅饼文化进行深入了解，还能够感受到一股扑面而来的历史气息。当然，最重要的是可以在这里品尝继承了百年来鼓浪屿传统手工艺精髓的美味馅饼。

大陆唯一的人类学博物馆是哪个

厦门大学人类博物馆位于厦门大学内部，它于1952年筹备，1953年3月正式开放。

该馆是联合国教科文组织认定的著名博物馆，也是大陆唯一的一所人类学专科博物馆。它一共有七个展室和一个碑廊，文物数量6000多件。这些文物所属的年代横跨新石器时代、商周、战国、秦汉、魏晋南北朝、隋唐五代、宋元明清，除汉族文物外，还有部分少数民族、闽南风俗、南洋民族的文物。馆内陈列分为人类的起源和发展、文化的起源和发展、中外民族文物三个部分，尤其值得一提的是人类的起源和发展部分。在这里，各阶段等身大的古人类模型、原始社会生活全景、古人类和动物化石及复

人类学博物馆

原像、马来亚洞穴的各地旧石器等被一一陈列在观众面前。通过观展，你能对人类从猿到人的发展路线全景产生深刻而全面的了解。

这座博物馆的设立，还和一个人的遗愿有关，这个人就是第一任馆长、著名人类学家林惠祥教授。厦大人类博物馆就是在他无偿捐献私人收藏的基础上筹建起来的。那些陈列在博物馆中的珍贵文物，都是他用尽毕生的时间收藏而来的。

据林惠祥当年的一位学生在回忆文章中提到："陈嘉庚倾资办学，林惠祥倾资办馆，均为时人所敬仰。"林惠祥作为一位学者，他在文化人类学、考古学、民族史、民俗学等领域颇有建树。不仅最早科学地论证了

台湾与大陆史前族群、文化的渊源关系，最早研究台湾少数民族，还最早探讨南洋史前考古和南洋民族史志，可以说是中国人类学的先驱者之一。林惠祥在一份建议书中曾提到，创办博物馆只是他为发展人类学计划的第一步，待条件成熟了，可以在博物馆的基础上再办人类学研究所、人类学系，建立起一套系、所、馆的完整体系。1984年，经批准，厦门大学在人类博物馆的基础上，设立人类学系和人类学研究所，并增设当时大陆唯一的人类学专业，实现了林惠祥的遗愿。2006年，在厦门大学85周年校庆期间，厦门大学人类博物馆完成修缮，开门迎客。这里已被确定为省级科普教育基地，修缮后馆舍面积2000多平方米，展出数千件馆藏物品。

如今，人类博物馆第一任馆长、著名人类学家林惠祥教授的青铜雕像被安放在博物馆内，这是厦门大学邀请上海知名雕塑家所塑，以纪念这位曾经为厦大人类博物馆的创立呕心沥血的学者。

厦门大学生物博物馆有哪些展馆

厦门大学生物博物馆前身是厦门大学生命科学学院动物标本馆，1922年厦门大学成立的第二年就设立了动物学系（生物学系的前身），由此开始了动物标本馆的历史。厦门大学生命科学学院动物标本馆是国内建馆较早、拥有种类较多、影响较大的动物标本馆之一。2015年动物标本馆与厦门市水陆生物研究所合作升级成为现在的厦门大学生物博物馆。

在厦门大学生物博物馆内，收藏着3000多个动物实验标本，主要是剥制标本和瓶装浸制标本。这些标本有分布于全国各地、生活在各个不同生态环境的各类动物，也有不少来自国外的种类。每一个标本都有属于自己的一段历史，有的标本历史可追溯到建馆之初，至今已经保存了

厦门
的山水人文

90多年，有的标本则是近期才获得和确定的种类。这些动物标本几乎涵盖了动物界的各个门类，如脊椎动物中包括了哺乳动物、鸟类、爬行类、两栖类、鱼类、圆口类等代表动物，原索动物中有文昌鱼等代表动物，无脊椎动物中则有腔肠动物、扁形动物、环节动物、软体动物、节肢动物等重要门类的代表性动物。馆内尤为珍贵的是有全球濒危动物、国家一级和国家二级保护动物标本，总计100多种，如华南虎、东北虎、金钱豹、大熊猫、丹顶鹤、蟒蛇、大鲵等。

目前，厦门大学生物博物馆的展区面积共5600平方米，共三层：第一层有鲸豚馆、龟类馆、珊瑚馆、贝壳馆等海洋生物展馆；第二层有非洲草原馆、熊猫馆、狼馆等陆地生物展馆；第三层有鸟类馆、古生物馆、极地馆等展馆。

为什么要在海沧设立玛瑙博物馆

玛瑙的历史十分遥远，它的色彩非常丰富、形态美丽，常被用作宝石，加工成工艺品。厦门市海沧区的东孚镇就是我国一大重要的玛瑙饰品生产基地，随着当地玛瑙产业不断发展，东孚玛瑙艺术博物馆于2012年建成，地点就在生产基地——东孚镇。博物馆占地面积约4000平方米，展出的玛瑙艺术品有400多件，它们那晶莹剔透的外表令每一个参观者都爱不释手。此外，玛瑙艺术博物馆中还设置了一个小会所，定期举办关于玛瑙的论坛、讲座。

可口可乐在厦门也设有博物馆吗

除传统的博物馆外，厦门市还有许多有趣的主题博物馆，可口可乐博物馆就是其中一个。它位于厦门市金湖路99号，是以厦门太古可口可乐饮料公司为基地而建的。整个博物馆以红白配色为主，四周清新明亮。

一瓶可口可乐是如何诞生的？可乐迷们能够在此处找到答案。在可口可乐博物馆中，你可以参观到好几条全自动生产线，包括塑料瓶生产线、玻璃瓶生产线、易拉罐生产线等。

博物馆的主体部分位于厂房的七楼，这里地板用黑白相间的地砖铺成，带着强烈的复古感。主体墙则采用了大红色，上方绘有作为可口可乐公司吉祥物的北极熊。

鼓浪屿国际刻字艺术馆中藏有多少幅作品

鼓浪屿国际刻字艺术馆成立于2008年3月24日，选址在鼓浪屿菽庄花园对面一幢面积约500平方米的观海小楼内。一层是国际展厅，二层为中国展厅。这座刻字艺术馆是目前我国唯一一家大规模、高档次的国际刻字艺术展览馆，馆内珍藏有来自中国、日本、韩国、新加坡、马来西亚等五个国家的407件作品。中国的刻字作品，流派纷呈、形式多样，展示了雄厚的文化底蕴，在艺术作品中追求"意"与"象"的境界及中国传统的天人合一的思想精髓，独具中华民族的艺术灵魂；日本的作品雅静纯和，表现了古典之美和完整的形式之美；韩国作品与日本的风格迥异，现代的作品具有更多的美术特色，以营造强烈的视觉效果、独标风范……在这里，观众能够深切地体验到集书法、镌刻、绘画、色彩、雕塑、装潢于一体的现代刻字艺术的独特魅力和鲜明的时代气息。

观复博物馆因什么而得名

观复博物馆的"观复"二字，出自老子《道德经》第十六章中"致虚极，守静笃，万物并作，吾以观复，夫物芸芸，各复归其根，归根曰静，静曰复命"的内容。这句话的意思是说：要达到虚空的极点，要安住在深刻的禅定之中。只有仔细观察宇宙万物相互运作生长，我们才能发现它们的本根、源头。"观"即是看，"复"即是多次。世间万物只有静下心来一遍又一遍反复揣摩，它们的本质才得以显现。这便是"观复博物馆"得名的缘由。

观复博物馆

"闽南兵马俑"陈列在哪里

厦门市同安区博物馆成立于1989年7月，以儒学大师朱熹建造于南宋的同安孔庙为展览场所，占地面积约2000平方米。同安博物馆设有两个展厅及一个露天陈列园。其中，展厅分为大成殿展厅和两廊展厅。大成殿展厅主要有史迹陈列、名人陈列及文物陈列，它们通过图片、文字和文物资料反映出同安从新石器时代直到新民主主义革命时期重要的历史事件以及历史人物的活动情况，从多个方面展现历史生活的侧面及古代、近代同安人高超的艺术创造能力。两廊展厅主要用于举办各种专题展览，如馆藏古书画展、同安书画家书画作品展、同安现代农民画展等。最值得一提的是同安博物馆的石雕陈列园，这里展出了同安区从宋朝到今天各种石雕碑刻共计300余件，内容包罗万象。尤其是石雕园内唐代的镇墓兽、宋西安桥镇桥石将军等，被人们誉为"闽南兵马俑"，形态逼真，工艺精湛。

为什么厦门园林植物园又叫万石植物园

厦门园林植物园的选址围绕着万石岩水库，故俗称"万石植物园"。它始建于1960年，占地4.93平方千米。在植物园中，设置了20多个专类植物种植区，包括裸子植物种植区、蔷薇园、沙生植物种植区、百花

万石植物园

厅等，内有被人们称为"活化石"的水杉树、银杏树，也有各类名贵的仙人掌，还有中国金钱松、日本金松、南洋杉等世界知名观赏树，整座园林秀丽多姿、四季飘香。

厦门园林植物园里有哪些知名石刻

摩崖石刻是起源于远古时期的一种记事方式，它指人们在天然石壁上雕刻的文字、造像和岩画等。在厦门园林植物园中，保存有大量的摩崖石刻。在这些石刻中，有多处民族英雄郑成功屯兵厦门的遗迹；有明代万历年间傅钺所刻的"醴泉洞"字样；有位于长啸洞东石壁上，施德政等三位抗倭将领登高望远，情怀激荡，相互唱和的诗句；还有民国时期弘一法师、现当代著名书法家启功的笔迹。它们大多自然开张，气势雄伟，意趣天成。来自古代的书法艺术与大自然在摩崖石刻上相交融，让参观者的心灵与整个环境浑然一体。

厦门的山水人文

厦门园林植物园中有哪些景点被评为"厦门二十四景"

　　厦门是一个风光秀丽的海港城市。清朝乾隆年间有人评定，岛上有著名景观24个，分"大八景""小八景"与"景中景"三个组成部分。其中，"大八景"包括洪济观日、阳台夕照、五老凌霄、万寿松声、虎溪夜

园林植物园

月、鸿山织雨、鼓浪洞天、筼筜渔火；"小八景"包括金榜钓矶、白鹿含烟、金鸡晓唱、龙湫涂桥、天界晓钟、万笏朝天、中岩玉笏、太平石笑；"景外景"则包括宝山圣泉、石泉龙液、碧山飞泉、白鹤下田、耸蜡灼天、紫云得路、高读琴洞、寿山听蝉。在"厦门二十四景"中，万笏朝天、中岩玉笏、天界晓钟、太平石笑、紫云得路、高读琴洞都位于厦门园林植物园。由于时代变迁、地貌改变，旧二十四景中有一些已经不复存在。1997年6月，厦门市成立了"厦门市名景评定小组"，评选出了新二十四景，包括鼓浪洞天、万石涵翠、云顶观日、五老凌霄、菽庄藏海、金山松石、胡里炮台、虎溪夜月、金榜钓矶、鸿山织雨、大轮梵天、集美鳌园、皓月雄风、北山龙潭、筼筜夜色、青礁慈济等。在新二十四景中，万石涵翠、天界晓钟、太平石笑均为厦门园林植物园中的景观。植物园的秀美风姿，由此可见一斑。

忠仑公园榕树广场有500年以上的老榕树吗

　　忠仑公园位于厦门市思明区金尚路62号附近，毗邻禹洲花园。它的总占地面积达67万平方米，院内植被茂密，有相思林、龙眼林、柠檬林等，形态各异的奇石遍布其中，是厦门人登高览胜的好去处。这里一年四季鲜花盛开，夏天有凤凰木、秋天有三角梅，冬天还有木棉与象牙红。公园林间道两侧，遍植桃林。沿着林间道前行，可以看到莲花峰。莲花峰上林木郁郁葱葱，峰下岩石环拱，被当地人称为"风水石"。在忠仑公园中央，还建有一个直径约38米的榕树广场。广场内的榕树树龄高达500年。

南湖公园中筼筜渔火是被评选为"八大景"的景观吗

　　南湖公园位于厦门市筼筜湖畔，始建于1990年，于1995年开放，占地面积约16公顷。在南湖公园园区内，有筼筜渔火、坐石临流、筼筜春晓和曲水荷香四景。其中的筼筜渔火是厦门

南湖公园

"八大景"之一，当年在筼筜港内，渔火万点，一如天上繁星般若隐若现，闪烁不定。但1971年筼筜港西堤建成后，大部分水域成为市区，高楼林立。如今的筼筜渔火，已经被夜晚厦门的万家灯火所代替。家家户户的灯光辉映筼筜湖，分外壮观。

为什么厦门也有中山公园

厦门中山公园始建于1927年，是为了纪念孙中山先生而建立的。其布局精密地结合了中西方传统建筑艺术，具有浓郁的人文气息。中山公园依山就势，四周以短墙围成，设东西南北4个各有特点的门楼。南门

中山公园

为花岗岩三法圈式三连牌楼，高15米，宽20米，宏伟气派。东门、西门均为牌坊式建筑，东门入口处有孙中山先生纪念碑，高20米，上书"天下为公"四个大字。北门上半部为西欧凯旋门式，下半部为明朝门楼式，为典型的中西合璧建筑。在公园西北部，有一条魁星河，西南部有魁星山。魁星山上屹立着一块数丈高的石头，峻峭挺拔，形似魁星，故名魁星石，并以之为山名。山巅较平坦处有一座六角形钢筋混凝土凉亭，与魁星石遥相对峙，为魁星亭。山上还有"万壑云根""云痴鹤老""石瘦松肥""三巡鹭江"等清代石刻。整座公园可谓园中有园，情趣盎然。

厦门哪座公园是以灯塔为主题的

厦门市有一座公园是以灯塔为主题的，它就是位于环岛东路五通段临海地带的厦门市五通灯塔公园。这座公园于2012年开工，由翔安隧道五通侧通风塔与弃渣场地块及环岛东路绿化带整合而成，占地面积13.2公顷。

步入公园的大门，就可以看到一座圆柱状的红顶灯塔高高伫立，塔身上"五通灯塔"四个红色大字十分醒目。走近这座灯塔，可以看到在它的基座平台上镌刻的10幅精美的浮雕：中国湛江的硇洲灯塔、中国台湾的渔翁岛灯塔、泰国的蓬贴海岬灯塔、埃及的亚历山大灯塔、西班牙的埃库莱斯灯塔、南非的好望角灯塔、美国的鸽点灯塔、阿根廷的火地群岛灯塔、巴布亚新几内亚的马当灯塔、日本横滨的海洋塔。它们是世界上最著名的10座灯塔。

五通灯塔原本是为了满足翔安隧道通风需要而建，但由于其高耸的建筑外形和优越的地理位置，除具有通风功能之外，又融入了航标的助航、导航功能。如今，这座灯塔已经成为厦门市东部的一个地标性建筑，与厦门港口风景城市特点形成了呼应。

厦门园林博览苑真的有上千种植物吗

厦门园林博览苑，简称厦门园博苑。它坐落在厦门市集美区杏前路上。厦门园博苑由5个展园岛、4个生态景观岛和两个半岛组成。这些小岛如众星拱月一般，以15座景观桥相互连接。由于厦门园博苑以广阔的杏林湾水域为背景，水域面积占了全园面积一半以上，故又被人们称为"水上大观园"。

园博苑里叠翠涌绿、姹紫嫣红，仅植物就有1500种之多。中国十大名花——梅花、牡丹、菊花、兰花、月季、杜鹃、荷花、山茶、桂花、水仙，园内俱有种植。其中的江南园区，垂柳弱杨、飞檐叠瓦，尽显江南水乡韵味；北方园区中则奇峰伟树、雕梁画栋；漳州园主要以水仙花、天宝香蕉和华安石等体现花果之乡的特色；宁德趣园重点体现畲族文化和鲤鱼溪……各园区在设计上别具匠心，在风格上出奇制胜，突出了地域文化和地方特色，可谓独具匠心！

为什么说五缘湾湿地公园是厦门的绿肺

厦门五缘湾湿地公园位于湖里区。它占地85公顷，是厦门最大的公园，也是最大的湿地生态园区。每年3月，大批白鹭会在此地筑巢、繁殖，这里成为了候鸟南北迁徙的重要驿站。

湿地公园设置有湿地生态自然保护区、红树林植物区、鸟类观赏岛、环湖休闲运动区等。在设计时，设计者秉承着以保护、修复为主，以重新构建为辅的思路，在不破坏原有生态的基础上，尽量利用现有的生态环境，营造出一个绿色的、生态的地方：原有的水栖和湿生植物带、水生植物群落、芦苇及湿地区域植物群落都得到了保护，园内遍植台湾相思树、木槿、银合欢、睡莲、红树林等植物，栖息在湿地中的鸟类将继续在此处休养生息……据不完全统计，在这座公园中生活的水鸟多达9科25种，山林和农田鸟类多达17科29种。五缘湾湿地公园被人们称为"厦门绿肺"，也就不难理解了。

厦门萤火虫公园坐落在什么地方

在厦门市文曾路怡情谷，坐落着一家公园——厦门萤火虫公园。这是国内首家萤火虫主题公园，园内通过人工养殖培育了上万只萤火虫。

公园分为萤火虫环保教室、萤火虫生态展览室和萤火虫实景观赏通道三个部分。

萤火虫公园

环保教室中会滚动播放一段环保影片，影片内容主要是介绍萤火虫从卵到幼虫再到成虫的生长过程以及环境恶化对萤火虫的影响。生态展览室中则可以与萤火虫来个亲密接触。最后，是魅力非凡的实景通道：通道是一条长长的木栈，它没有明亮的路灯，只能靠脚下微弱的红光指示方向。在通道周围的树枝上、半空中、草丛里，布满了繁星般的萤火虫，它们一闪一闪地点缀着夜色，美丽而又脆弱。

铁路文化公园是用哪段铁路改建而成的

厦门铁路文化公园位于思明区文苑路与虎园路交会处东150米。它东起金榜公园，西至和平码头，全长约4.5千米。这里原本是鹰厦铁路的战备延伸线，一度闲置近30年。直到2011年，厦门市政府做出决定：将其修建为供市民休闲娱乐、同时可串联起周边景点的带状公园。

这座长长的公园分为风情体验区和休闲区。其中，风情体验区长1382米。这里有一段废弃已久的铁路隧道——鸿山隧道。它长700米左右，在两旁雕刻着许多老厦门人的记忆，同时也展示着厦门铁路的建设历史。都市休闲区长550米，它从思明南路起，到和平码头段止。休闲区设置有许多可爱的咖啡屋、水吧，如果走得累了，就在此处歇歇脚吧。

厦门的民俗特色

厦门的婚丧嫁娶

旧时厦门人结婚的"三书六礼"指什么

在我国古代成亲礼仪有"三书六礼"之说，"三书"指的是成亲过程中所用到的文书，其中包括聘书，即用来定亲的文书，为男女订立婚约之时，男家交予女家的书柬；礼书，即在过大礼时所用的文书，上面列明过大礼的物品和数量；迎书，即用来迎娶新娘的文书，在迎新娘过门时，由男方送给女方的文书。"六礼"即由求婚至完婚过程的六个礼法流程，包括纳采（求婚）、问名（问女姓氏）、纳吉（订婚）、纳征（婚成送礼物）、请期（通知婚期）、亲迎（迎娶）。

清末民初的厦门，仍然有豪绅大贾之家的婚嫁流程遵循祖制，在当地俗称"吃六礼"或"大嫁娶"。寻常百姓虽然没有严格地遵循礼法，但实际活动中已将"六礼"的内容包含其中。古时候男子20岁、女子15岁就可以算作成年人了，要为其举行加冠及加笄之礼，旧时称为"冠笄之礼"，也就是现在所谓的"成年礼"。那时候的男女婚嫁全凭"父母之命，媒妁之言"。若是谁家中有已及冠的儿女，上门提亲的人就要相继而来了。旧时每个地方都有专门替人撮合婚事的媒人，当时的厦门也不例外。传统婚俗文化中所谓的"明媒正娶"中的"媒"，有时可以是男方家至亲之人临时担任，但大多数都是指这种专业人士，在厦门当地被称为"媒太婆"的，一般多为中老年妇女。

沿袭了中国古代婚姻旧制，厦门传统的婚姻习俗大致可分为"提字仔"（提亲条）、"吃定"（定下婚事）、"送回头"（确定婚期）、"送走"（送聘金聘礼）、"迎娶""做客"这几个阶段。有时候婚礼的礼节烦琐，花费颇大，但富裕人家却依旧乐此不疲。反倒是普通人家量力而为，虽简陋行事，却"尤为近古"。

厦门的"提字仔"是怎样一个流程

"提字仔"的议婚风俗，相当于六礼中的"问名"礼。两家人通过"提字仔"，彼此认定之后，便通过媒人进一步谈论聘金、聘礼的具体数目，以及婚事的各项程序、日期和要求。条件谈不成，婚事就告吹；条件谈妥，就按照当地的婚俗程序筹办婚事。

在厦门，提亲俗称"提字仔"，由男方托媒上女方家提亲。如果女方父母无意结亲，媒人只得怏怏离去。但如果女方父母有意结亲，则会向媒人要来写有男方姓名、籍贯、出生年月日、职业等情况的红纸条，也就是当地人俗称的"字仔"，并让媒人三天以后再上门来。至此，这门婚事算有了希望。之后女方家会将这张"字仔"供在正厅长案桌上的祖先牌位前，并拜告此事，同时对男方家进行了解。了解的主要内容就是男方的家境、是否门当户对，当事人本身的情况反而要居次位。如果女方对男方的门户满意了，而且"字仔"供在祖龛三日，家中也没有发生打破碗碟、争吵、有人生病等可能预示着祖先震怒的不祥之事，那就可以将女方的"字仔"和男方的"字仔"一起送往男方家，表示同意这门亲事。否则，这门亲事就到此为止。

以前的厦门人从订婚到结婚有哪些步骤

古代六礼中的"纳吉"礼相当于现在的"订婚"，在厦门被称为"吃订"。男方家会委托媒人将装有礼帖和订婚帖的帖盒送往女方家，帖中男方及主婚人的生辰已先行书在帖上。与帖盒一起送去的还会有金手镯或戒指一对，以及部分聘金和礼饼、香、烛、鞭炮、猪肉等，这些便是订婚礼物。女方家须将新妇及主婚人的生辰月日填写在男方送来的帖书中，再以订婚帖的方式回复男方家，同时也会回赠金表链等饰物，并退还部分礼饼，当然这些也都是由媒人送往男方家的。另外，女方家给媒人的"媒人礼"也会一并放在帖盒内。男家收回帖盒，视盒内"媒人礼"的钱数，再给媒人双倍的"媒人礼"。以后每次有劳媒人做事，都要给谢礼。男方收回帖书后，会立即送到专司择吉日的择日师那里选取进定、迎娶等的吉日。以后的各项婚仪也会按这些日期进行。"吃订"以后，就表示双方的婚姻关系已经确定，一般每逢年节之际，男方家还需要送女方家些许礼品。

订婚当日男女两家都要办订婚宴，分别宴请自己的亲戚，一同庆贺儿女订婚。女方家要将男方家送来的礼饼分送给亲友，即宣告女儿出嫁，收到喜饼的人家则要送上结婚礼物致贺。穷人家订婚，可以免去这些席宴应酬，只需请亲戚送去金戒指一只或珍珠些许作为订婚礼即可，这在当地被称为"吃暗订"。

现在的婚礼则更为简单，一般直接省去"订婚"这个环节，直接到"送定"这个步骤。不仅省去了无谓的繁文缛节，也节省了花销。

在厦门，"送定"就是送聘礼，相当于古代六礼中的"纳征"礼。"送定"的前一天，男方家会"前棚加扎，后拥大戏"，以此敬谢神明。当天再派遣媒人带着聘金、聘礼送去女方家。媒人携带的帖盒内装有聘金礼书、聘礼礼书，上面详细开列了聘金的数目、聘礼清单。帖盒还装有男方填写好的致女方的婚帖，另有空白婚帖待女方填写好后回送给男方。聘金与聘礼都要放在一种叫作"槛"的扁平木盒中，上面围着红布，由两人扛着，一路上长队鞭炮送行，鼓乐开道游街，吹吹打打地一直走到女方家。

厦门结婚的聘礼中为什么要准备礼饼

礼饼，俗称"大饼薯花"。"大饼"就是特制的碗口大的厦门经典小吃马蹄酥，"薯花"即中空的油炸糯米球，外面用糖浆粘上爆米花，类似于现在的"麻薯"。除此之外还有"四色饼"，也就是各种包装成封的小馅饼，与"大饼"按比例搭配。礼糖，俗称"大糖小巧"。"大糖"是由糖压制成块状，内部中空。"小巧"是指较小的实心糖块，多为"万字"形或菱形。通常"大糖小巧"上面都会压出龙凤、"囍"字等图案，或是"两姓合婚""百年偕老"等吉祥语。"小巧"还包括花生糖、米香糖等，寓意早生贵子。"大糖""小巧"通常是按一比一的比例搭送，数量一般是数百、数千包。

在以前，女方收男方多少礼饼礼糖往往都是议婚时双方容易发生争执的点。在数量、制作店家、搭配比例等方面，双方经常是好不容易谈成了聘金的数目，却马上又在这些问题上发生分歧，甚至不欢而散，婚事告吹的情况也时有发生。那为什么女方要向男方索要这么多的礼饼礼糖，还要这么细致地要求各个方面呢？原来，在厦门，女方索要来的礼饼礼糖是要向亲戚、邻里、朋友广为发放的，以示女儿结婚的喜讯。而收到喜糖喜饼的亲友则需要在新妇结婚出嫁时，送上各自的礼品或礼金以表祝贺，这在厦门俗称为"添妆"。女方送的喜糖喜饼越多，则收到的"添妆"礼物和红包就越多。而亲友收到女方送的喜糖喜饼质量越好，回贺的礼就要越大，面子也越大。如此一来，女方收到的"添妆"钱物都是自家的收入，就和聘金一样意味着女儿的身价，能不力争多要嘛！不过，这就苦了男方家了。数量巨大的礼糖礼饼对男方是一个大负担，如果真的足量按"桩"送去，起码要近百"桩"，没准儿还要雇人抬去。所以，一般"送定"时都是象征性地送去十几"桩"，其余的由女方上糕饼店自行领取，后来也有直接折现付给女方的。

男方送去的礼饼礼糖，女方会收下大部分，退回小部分给男方，让其也散发礼饼礼糖给亲友，男方在"送定"前也会将一桶红糯米汤圆或四大团糯米糁和若干礼糖作为喜物，送给亲戚。

嫁妆的多少代表女方以后地位的高低吗

据《鹭江志》中记载："以轿一顶，亲戚数人至女家迎之。嫁女者亦用布素衫裙准备洗换，尤为近古。"在男方迎娶的前一日或数日，女方家须将新妇随嫁的物品，也就是嫁妆先行送往男方家。富贵人家嫁妆的多少，多与男方家"送定"时聘礼的多少有关。嫁妆的内容一般是钱、衣服、布料、金器、古瓶酒、礼筷、礼糖、蜜料、茶点、日常用品等，这些东西都要用"桩"装好。旧时富豪巨贾之家行"大嫁娶"的，则是从生到老的各项用品，不论巨细，全部要准备好陪嫁过去。

过去，陪嫁攀比之风非常盛行。据《厦门志》中描述："厦门婚嫁重门户，不甚选婿。妆奁先期鼓乐迎送至男家，珠翠衣饰无论已，外如"万"字糖、福饼、绒花彩缯，动盈数十篚。谓不如是，则见诮于人。在富者为所欲为，中户嫁一女，费过半矣；甚有鬻产嫁女者，何甚愚也。"收到男方家的聘金聘礼多，嫁妆自然也不能少，少了女儿以后的日子就难过了。议婚时要讲究门户，女儿出门时也得撑得住门面。于是竟出现了所谓"千金嫁女时常有，万金教子此地无"的局面，为当时的有识之士讥笑。而且，为了撑住门面，女方家常常会借来家中女眷、亲戚的金首饰、珠宝，权当作嫁妆，送往男方家中。等到婚后第三日，小舅子"探房"时再悄悄取回来。因此，两家人常为嫁妆中的金器失落而争吵。有时女方家担心女儿嫁过去日子不好过，因为陪嫁的衣箱如果轻了，会招来男方家的轻视，因此女方家就会在箱底下放一定数量的压箱银钱，使得衣箱沉甸甸的。

中等条件以上的人家嫁女儿，嫁妆中常有成套的精美漆具，如彩绘九龙的茶料盒"九龙盘"，装蜜饯的蜜料罐，装茶料的糖罐，内有冬瓜糖、橘饼、红枣、龙眼干肉等茶点蜜料，让女儿放在房中使用。

厦门人在成亲之前才举行成人礼吗

厦门人所说的"上头"是将童孩发式梳成成人发式，也就是古代所称"冠笄之礼"的演化，不过"冠笄之礼"是在男20岁、女15岁时就要举行的成年礼仪，但在厦门则变成在结婚之前才举行成人礼。原来，厦门人认为结婚了的人才能算作成年人，未结婚的还是孩子。未婚的不管年纪多大，过年都还有人给红包，这也是当地成年礼在结婚前夕举行的缘故。

"上头"一般都是在正厅祖先神位前举行。"上头"的男女都要穿上被称为"上头衫仔裤"的白布衫。神位前放着一个扁平的竹制大晒盘，被称作是"加笭"。"加笭"上面覆盖着红毡，毡上放置着一把竹椅或米斗，备好嵌有红丝线的梳子，请来"好命人"之后就可以开始"上头"的流程。先供十二碗菜在祖先神位前，焚香，点上龙凤大红烛，跪拜告慰祖灵。然后，"上头"的男女要坐在竹椅上，脚放在矮竹凳上，由"好命人"拿梳子从后面梳头。梳发时要念吉祥语，给男子念："上头戴冠已

厦门
的民俗特色

成人，出门坐大位，食人头杯酒，说人头句话。"后三句都是指从此受人敬重的意思。给女子念："头毛梳起，坐金交椅。""高椅坐，低椅润脚，吃饭配猪脚。"意喻着将来有好命。行成人礼时，男女坐的方向截然不同。男子要朝内坐，女子要朝外坐，因为男子成年将掌家，而女子成年则要外嫁。

梳好后，男子用红丝线束发，戴上礼帽，女子用发簪插在发髻上，这就算完成了成年礼。成年了就要庆贺，所以礼毕之后立马撤下家什，摆上酒席，由为父者向年轻人敬酒祝贺。冠礼之后的新人则皆入房中歇息，不能再出房间，要等到花轿来到才能出来。至此，迎亲前的一切都已准备就绪。

为什么厦门人要在天亮之前迎娶新娘

与其他地区上午或下午结婚不同，厦门人迎娶新娘多在天亮之前。

新郎从家中出发，先拜祖先，再别父母，最后由媒人陪同，带领迎亲的队伍前往女家迎娶。女家在迎娶队伍到来之前要关闭大门，等候媒人来敲门。媒人敲门时，女家会问："何事？"媒人要回答："娶新娘！"这时，女家会将门稍稍开出一道缝，媒人要依礼递进一个红包给开门的人，随即门又会被关上。媒人重新叫门，如此反复三次，女家才会大开门庭迎客，这在当地被叫作"打门娶新娘"。女家故意延长出门的时间，一方面是因为新娘拖延出门的时间越长，对女家越有好处，越能留住更多的财气；另一方面是这样才显得男家有诚意。待新郎进门入厅后，要先拜见丈人、丈母娘，女家小舅子辈为新郎摆上剥壳的熟鸡蛋、煮糖水的"鸡蛋菜"，以及"龙眼干茶""四果茶""茶心茶"，新郎依例只能喝汤水。之后，新娘一身盛装出房门，头脸罩上紫帕，与新郎一起拜过祖先，叩别父母后，由父母或兄弟牵上花轿。新娘上轿时按例要哭几声，俗称"哭好命"。新娘的花轿一出门，女家便要立刻关紧大门，如此财气才不会被拔去。然后在门外放炮礼送，迎亲的鼓乐尽情欢奏，鞭炮声越响越热闹。

迎回新娘的队伍一路上吹吹打打，十分热闹。如果不小心遇上了另一家迎娶队伍，就犯了"喜冲喜"的禁忌，这可不是件好事。这时候陪送的媒人或送嫁姆就有了施展本事的好机会。她们会将两个新娘头上的插花互换一朵，俗称"换花"，这样就消除了一切可能的不祥。倘若迎亲队伍遇上了官轿，花轿可直行过去，而官轿反倒要避让，不得阻挡。

"踢轿门""三牵出轿""摸柑橘""踏瓦片""过米筛""过炭火"这些都是旧时新娘出轿入门的老规矩。踢轿门时猛烈的撞击声使新娘吓一跳，旧时认为这一吓能镇住新娘，驱除新娘的威风，以后才会顺从听话，做男方家的乖媳妇。三牵出轿则有助于增添女方的贵气，让新郎体会一下新娘的娇气。摸柑橘则是象征从此夫妇生活圆满吉祥。过米筛、踏瓦片，米筛上大多画有八卦或阴阳太极图案，旧时认为这样可以驱魔避邪。过炭火，炭与厦门话"繁殖"谐音，此举象征着子嗣兴旺。

此外，古代娶亲有瞒天瞒地之说，据说这样才能避开天地间的灾难，也正是因为这样，至今厦门迎娶新娘仍在凌晨天明之前进行。据说更早的时候，迎亲队伍还带有一支长长的带有枝叶的青竹，青竹一端挂着一片猪肉。此举据说是以防碰上专爱抢亲的白虎神，它吃过猪肉就不会抢亲了。而且竹子多节，又象征新妇贞节，青枝绿叶，象征着新婚生活朝气蓬勃。

厦门的民俗特色

厦门的传统观念里，至亲是"不死"的吗

在厦门，人们忌讳说自己亲人的死亡是"死"，而是把它称作"老了"或"过身"。在厦门人的传统观念中，至亲是不死的。每个死去的人都有自己活着的亲人，都是活人的"至亲"。这样来算，每个死去的人都不算死去，是不是感觉有些奇怪？

在厦门人的传统观念里，死去的只是死者的肉体，活着的则是死者的灵魂。民间百姓认为，人活着的时候，灵魂主宰着自己的肉体，不能支配他人，也保证自己不被他人灵魂支配。人死之后，肉体腐烂消失，但灵魂却依然存在。它离开了自己的肉体，虽然无法用肉眼看到，但能影响甚至支配还活着的人，能给他们带来灾祸或幸福，如亲人之灵可保佑子孙后代，令人敬畏。这些没了肉体的灵魂居住在另一个世界，它们过着和活人没有两样的生活，要吃、要喝、要穿、要住、要钱花，逢年过节还要回到原来的家里到处走走看看。

厦门的传统丧礼是源于佛教和周礼吗

远古的人类社会，在"灵魂不死"的观念还未出现之前，人们是不埋葬死者、无礼法可言的。《孟子·滕文公》中曾说道："盖上世尝有不葬其亲者，其亲死，则举而委之于壑。"即把死去亲人的尸体随随便便地扔到荒野山沟里。

2000多年前的春秋时期，人们对丧礼做了规范，形成一整套系统的礼仪，即周礼中的丧制。到了周朝时，诸子百家之一的儒家十分重视丧礼，发表论述丧礼的著作也最多。这些著作分别收在儒家论礼的《仪礼》《礼记》中。这两部书与《周礼》被后世称为"三礼"。"三礼"中记载

的丧葬制度和论述的各项丧葬礼仪规范，一直被后世沿袭。后世所流行的葬前礼仪、五服制度、居丧守孝、祭祀亡灵等丧礼流程，基本都出于"三礼"。

厦门的传统丧礼沿袭了儒家以"孝"为核心的周礼丧制程式，以厚葬死者和做佛事敬鬼神为基本内容。千百年来，厦门的传统丧礼结合了地方色彩。在面对死者的遗体时，人们以人礼待之，孝敬以四季衣裳、供品宴席，并痛哭惜别，为其送行。

厦门的节日习俗

厦门人是怎么过春节的

"二十九，全都有，三十晚上闹一宿，正月初一到处扭。"春节是一年中最重要的传统节日，厦门也不例外。和我国大部分地区一样，厦门春节也有贴春联、放鞭炮、蒸年糕、围炉守岁等习俗。除此以外，厦门还有一些特有的民俗，十分有意思。

据清道光年间的《厦门志·风俗记》中记载，除夕的年夜饭不能全部吃光，要"留宿饭于明日，曰'来年饭'"，寓意年年有余。此外，还要"以生菜沃沸汤、簪红花供神，曰'长年菜'"。古时，厦门气象灾害多发，厦门人便在围炉的时候用火烧灯具，通过烧后的颜色来占卜新年的气候，即所谓"焚灯檠，视其红、黑，以卜来年晴雨"。

春节作为厦门最隆重的节日，初一子时一到，厦门人就会开大门、放鞭炮，称为"开春"或"开正"。在天未亮时，家中老小就开始洗手洗脸、换新衣、穿新鞋，女性头上还会戴一朵绸制的"红春仔"花。大年初一忌叫他人姓名催人起床，因为这样会让对方整年都被人催促做事。打扮完毕后，先用三杯清茶、三碗面线供奉祖先。待到三更后，才开始点香燃烛、拜神祭祖。敬奉后的贡品由家人共同分食，谓之曰"吃欢喜、吃康健、吃福气、吃长寿"。接下来，家里人会按照男女、大小、辈分顺序，拜长辈、颂贺词，完成"家拜"的程序。家拜结束后，家长便携带子女出访亲友邻里。路遇朋友要彼此道贺新禧。客人来家要以甜茶、糖、蜜饯、瓜果款待，到处一团祥和喜气。春节里生意人不做买卖，头三天家里也不能打扫，粪便不能往外倒，因为这会把财气倒掉，这便是所谓的"市不列肆，粪土不除者三日"。

到了大年初二，已经出嫁的女儿要回娘家，在厦门当地俗称"做客"。尤其是新婚的女儿，一定要由女婿陪同回娘家拜年。女儿女婿要在娘家住一晚，次日返程时，父母会给新人送上两株连头带尾、系有红色纸条的甘蔗，寓意女儿女婿生活像甘蔗那样甜甜蜜蜜，百年好合。初三时，就看不到像初一、初二那样热闹的场面了。厦门人认为在初三走亲访友会带来晦气，因为这一天是新丧之家祭拜之日，也就是所谓的"拜鬼正"。故厦门有句俗语讲"初三没人走"。大年初四是传说中灶王爷上天向玉帝禀报善恶后，返回人间的日子。在这一天，民间要准备牲畜、办酒席、烧纸、放鞭炮来迎接灶王爷，希望灶王爷在新的一年能够给家人带来好运，保佑人们平安、发财。

按照厦门的习俗，到了初五这天，春节就算是过完了。关门休息的商店往往会在初五择吉时祭拜神灵、开门营业。在大年初五，贩卖给顾客的商品往往会用红纸包裹，第一位到店的顾客还会有折扣，以此确保接下来的一整年买卖成功，开市大吉。

厦门人的上元节与其他地区的有什么不同

在厦门，农历正月十五日又被称为"上元节"或"灯节"。当天夜里，父母往往会带着孩子提灯上街观景。近年来，在厦门中山公园举行"鹭岛灯会"已成为一年一度的游玩盛事，在灯会上经常会有耍龙灯、舞狮等民间传统活动。

古时候的厦门虽然位置偏僻，地处"天涯海角"，但素有"海滨邹鲁"之称。从明清时期起，每到上元节各地就会举办丰富多彩的民俗活动。据《同安县志》记载，上元节不管是城里乡下都一样热闹非凡，民间艺人化装成古代传说中的人物、神仙、妖怪，组成浩浩荡荡的歌舞阵，或在城里街上，或在乡村旷地，或挨家挨户表演节目，称为"闹元宵"。厦门当地曾有民歌唱道："……迎暗灯，看鳌山，南曲自弹又自唱。弄龙套宋江，车鼓公对车鼓旦，歌仔阵，相连接，蜈蚣座，接归拖，挨挨阵阵真好看……"

上元节

民歌中的"迎暗灯，套宋江，车鼓弄、蜈蚣阁"等文艺活动，除了"迎暗灯"已失传，其他项目在如今的文艺踩街队伍中还可见到。"套宋江"又名"宋江阵"，由习武之人扮演梁山好汉游街串社，走到哪儿表演到哪儿，单打、双打、小组打，十八般武艺样样都有。"车鼓弄"也称"车鼓舞"，相传出自同安新圩的一对卖豆腐的夫妇。这对夫妇磨豆腐常要到三更半夜，困倦时两人便互相唱民歌逗趣。有一天深夜，店前刚好借宿了一个民间艺人，听到两人的逗唱很感兴趣，便将歌谱记录了下来，并整理成固定的表演程式。此后，"车鼓弄"由一男一女扮一丑一旦，二人被称为"车鼓公、车鼓婆"。公婆二人抬一个象征着石磨的挂彩竹筐，手持旱烟筒、蒲扇等道具对唱，歌词通俗易懂，诙谐有趣。"蜈蚣阁"又称"蜈蚣座"，起源于一个神话故事。传说某村盖王爷庙时惊动了蜈蚣精，蜈蚣精兴风作浪，搞得王爷庙盖不成。"王爷公"一怒之下现身收服蜈蚣，并将其变成了自己的部将。后来，蜈蚣精跟随"王爷公"修炼得道，成为"百足真人"。人们制作蜈蚣阁为的是"驱除邪气"，蜈蚣阁以数节木架接成可转动的长阵，长阵前后两端装饰成蜈蚣的头尾，架上端坐着扮成古代故事里有名人物的幼童，由壮汉抬着沿街游行，两侧有锣鼓助阵，十分壮观。

厦门人为什么将正月初九定为"天公生"

在以前的厦门，每到农历正月初九这一天，厦门的家家户户都要烧香挂灯、设案摆供，虔诚地敬"天公"。虽然"天公生"流传已久，人们每年也都认真祭拜，但事实上天公诞生之说是子虚乌有的，这个节日的形成其实源于一段有趣的故事。

在300多年前，清军大举进攻闽南，面对实力如此悬殊的情况，郑成功放弃了金、厦两岛，退守台湾。传说在那年的十二月，清政府下了两道命令：一道是全国老百姓在正月初一要家家户户点灯结彩，另一道则是"留头

天公生

不留发，留发不留头"的"剃头令"，要老百姓改变留全发的习惯，全部换成满人的发式。当时，全国的老百姓都不愿意改变留全发的习惯，认为剪头发是叛国不孝的表现。于是，一场反剃发的斗争迅速展开，由于人民的极力反对，正月初一点灯结彩的命令没人执行，清政府只好在正月初八宣布取消"剃头令"。厦门和邻近各县的老百姓听到这一消息，都十分高兴，不约而同地在正月初九杀猪宰羊，烧香放炮，庆祝反"剃头令"斗争的胜利。当地的清朝官员知道后，便查问是在庆祝什么节日，

人们不敢据实相告，便瞒骗他们说这是天公的诞生日。自此以后，人们只能年年庆祝，连闽南的官府也不例外，正月初九也因此成为了"天公生"，久而久之变成了一种习俗。很多老闽南人对这一天的重视，不亚于春节。

在厦门地区，拜天公要一早就开始准备，一般是在清晨五点左右结束，也就是太阳升起之前。在过去，敬天公的前一天晚上，人们必须摆上一张干净的正八仙桌，上面系上一块桌彩。八仙桌的摆放位置没有严格要求，有人摆在大厝天井里，有人摆在大门口，还有人直接摆在大厅上，但桌面一定要摆横材，也就是要与吃饭摆法不同。因为天公不同于其他神明，所以八仙桌的下面还要有两把矮椅，俗称"天公椅"，托着八仙桌。八仙桌上供有五谷、六斋，还要有"搭饭"和花瓶等，八仙桌旁放着刚宰杀的全猪、全羊、鸡公等大牲。祭拜开始，先由家主人举香，向天公行三跪九叩大礼，焚天公金帛，最后鸣炮结束，如遇重大喜事，敬天公都要搬嘉礼以示诚心。

为什么在厦门还有一个"三日节"

厦门人每逢农历三月初三都有敬祖的旧俗，在当地被叫作"三三节"，也叫作"三日节"。"三日节"的由来其实和民族英雄郑成功有着一定的关系，在厦门当地一直流传着两种说法。

一种是说，当年郑成功以厦门、金门两地为根据地对抗清军，以求实现"反清复明"的愿望。全军上下同仇敌忾，矢志不移。因此他下令所在地的人民不要在"清明节"扫墓，而改在"三月三"敬祖。另一种说法是，清兵屡次被郑成功军队击败后，怀恨在心，后来郑成功移兵驱逐荷兰，收复台湾，清军乘机入侵厦门、金门，在城中大肆地毁城拆屋，烧杀淫掠，一度造成"嘉禾断人种"的惨剧。厦门、金门两地的幸存者直到三月初三才陆续回到故土，因为无法弄清死去亲人被害的忌日，因而大家都在三月初三这一天共同祭祀，久而久之变成了一种风俗。后来郑成功收复台湾后，大力开发台湾，但不久也死于台湾。其子郑经继承父业，继续经营台湾，继续抗清，多次出兵攻打闽南一带，因清军据守顽抗，百姓伤亡惨重。最后在郑军的反攻下清军投降，郑军进入城内，老百姓一边迎接郑军，一边制作薄饼祭祀死难的亲友。

每年农历三月初三日敬祖节，人们都会用薄饼祭奉祖宗，然后一家围着吃薄饼。"薄饼"是厦门人对春卷的叫法，要配以薄饼菜一同食用。传统的薄饼菜是以笋、豌豆、豆芽、粉丝、豆干、鱼、虾仁、肉丁、海蛎、红萝卜等为主料，其他诸般佐料则酌量搭配。因各种菜肴混合在一起，薄饼吃起来脆嫩甘美，醇香可口。

除了薄饼，还有一种名叫"复明糕"的厦门传统小吃与"反清复明"的故事有关。相传，清朝初年，同安城被攻破，百姓奋起反抗，与清兵展开灵活的游击战。城关有一家糕点铺子是抗清秘密组织的联络点，每次行动前，店主就特制一种米糕，里面藏有纸条，上面写着联合行动的时间、地点以及暗号，这种米糕被当时的人称为"复明糕"。为了防止秘密被泄露，这种糕点不卖给幼小儿童，于是同安百姓中有句俗话就是"放牛娃与捡猪粪小孩甭吃复明糕"。"复明糕"原是用米粉和白糖蒸制而成，后来加入茯苓粉，于是后来改名为"茯苓糕"。

厦门俗语"未吃五月粽，破裘不敢放"是什么意思

在厦门，端午节不仅是重要的传统节日，还是与人们生活息息相关的节日。

厦门有句俗话讲："未吃五月粽，破裘不敢放。"这句话说明端午节是一个预示季节转换的节日。以前每逢端午节，厦门的大街小巷、家家

户户都会在大门口挂熏蚊子的艾草、菖蒲，可以做药用，也可以熏虫，把邪气驱除出门外。同时还要进行大扫除，把屋里屋外都打扫得干干净净。

厦门人包粽子不单是为了纪念屈原，还是对古老的民间习俗的延续。在过去，每到端午节，外嫁的女儿都会回娘家，在家中自己做粽子，有肉粽、甜粽等，所以厦门的端午节也叫作"女儿节"。后来街面上的一些商家也包肉粽出售，粽子才慢慢成为厦门200多种名小吃中的一种。端午节还被称作"诗人节"，过去厦门社会上的一些文人会在端午节聚在一起举办诗会，吟诵诗词。

粽子

端午节赛龙舟是厦门民间不可缺少的一项民俗活动。清代道光年间出版的《厦门志》中，对厦门赛龙舟的特色就有过详细的记载，端午日"竞渡于海滨（龙船分五色，唯黑龙不出）。富人以银钱、扇帕悬红旗招之，名曰'插标'，事竟，各渡头敛钱演戏……或十余日乃止"。由此可见，过去厦门在端午节期间举行的民间赛龙舟的时间很长，参与者众多，场面十分热烈。最早从厦禾路第一码头一直到江头乌石浦，整个沿海都有赛龙舟，后来发展到鹭江道，最后是在集美的龙舟池。一般情况下，端午节的龙舟竞赛场地都选择在江、河或湖中，而历史上厦门的龙舟赛场地选择在海上，可谓与众不同，因为海上赛龙舟的难度要远远大于在江、河、湖中。

除了赛龙舟，厦门特色的端午水上活动还有"掠鸭"，地点主要在沙坡尾一带。这是一种考验人们体力、毅力和技巧的民间体育竞赛。先将鸭子赶入竹笼关起来，再在一根长长的杉木上抹油，杉木的尾端挂上鸭笼。参与者赤着脚，像走钢丝一样，从船上走到杉木尾端抓鸭子，如果抓到便取得胜利。由于身体平衡难度极大，成功者少，失败者多。有的抱着鸭笼一起掉到海里，水花飞溅，岸上观众高呼大笑，场面非常热闹。这些民俗主要在明末清初兴起，清代中期最为盛行，一直流传到新中国成立前。

你知道厦门人怎么过七夕节吗

七夕节俗称"乞巧节""女节""双七节"。厦门人认为，这一天是七娘妈生日，俗称"七娘妈生"。七娘妈是厦门民间敬奉的儿童保护神，相传16岁以下的儿童均在七娘妈的庇佑之下。

在七夕这天，民间要敬奉"七娘妈"，有人说"七娘妈"是指王母娘娘的第七女——织女，也有人说是指王母娘娘的七个女儿们。为了不使织女受到其他仙女冷落，闽南人在这一天准备的东西必须七个仙女人人有份，贡品必须以七为数：用彩纸糊成的七娘妈轿七顶、鲜花七种、胭脂香粉各七块、鸭蛋七枚、饭七碗、瓜果七盘，还要挂一盏绘有抱着孩子的仙女图案的彩灯在房门口。夜晚降临后，于庭院中央摆桌祭祀，祈求子女健康成长。拜祭结束，纸货就地焚化，胭脂与香粉则一半抛上房顶，一半留下自用。当地人相信，用祭祀过七娘妈的香粉，可以使自己变得更加美丽。

值得一提的是，每年胭脂花几乎都在七月初七开，整个花期只有半个月，开出的也只是一种紫色的小花，门前屋后随处可见。老人们喜欢采摘胭脂花供奉七娘妈，供上闽南特有的"漳州粉"，目的是让七娘妈打扮得漂漂亮亮地去见牛郎。每到这一天，最高兴的其实是孩子，清早跟着大人摘胭脂花，花蕊抽出来往嘴里一塞，就能尝到花蜜，祭拜完还能抢供品"糖粿"，这种一元硬币大小的糯米做的软粿，外形像压扁了的汤圆，放在竹叶上蒸熟，冷却后中间会凹陷，像笑起来的酒窝，寓意牛郎和织女会面时笑容满面，甜甜蜜蜜，但也有人说是给织女装离别眼泪的。以前老一辈还会哄骗孩子说，傍晚站在葡萄架下可以看见织女，结果真有不少天真的孩童在葡萄架下静静地等着。

七夕节厦门有哪些有趣的乞巧活动

厦门民间在七夕节有两种乞巧活动。一种活动是"卜巧"，亦即占卜自己将来是笨是巧。在明《宛署杂记》一书中有相关记载："民间有女家各以碗水曝日下，令女自投小针泛之水面，徐视水底日影，或散如花，动如云，细如线，粗如槌，因以卜女之巧。"还有的姑娘，捉蜘蛛放入锦盒，观察它结网的细密程度，来卜问巧智如何。

另一种活动就是"乞巧"了。姑娘们三五成群，在月光下用五色丝线向月穿针，谁穿得多、穿得快，谁就得胜。这种乞巧活动意为向七娘妈求智。《七夕》一诗中，"向月穿针易，临风整线难。不知谁得巧，明旦识相看"就是对七夕节姑娘们开展穿针乞巧比赛场景的生动描述。

除了"卜巧"和"乞巧"，同安民间还会准备一道传统民俗美食，当地人称之为"炒豆茶"。在以前，同安是糖、花生的主要产区之一，人们经常选用花生来制作各种传统美食，"炒豆茶"就是其中一种。它不仅寓意着爱情与生活甜甜蜜蜜，还是一道招待客人的茶点。相传，"炒豆茶"流传已有百年，制作过程也较为烦琐。

先将粗盐在铁锅里慢慢炒热，再将一盘剥好的花生倒进铁锅里，用铲子不停地翻炒，等待香气慢慢散发出来。然后将炒熟的花生倒进簸箕里，待滚烫的花生粒慢慢退热，用手将一颗颗花生的外皮剥掉，这是制作"炒豆茶"前的必要工作。等到锅里的水烧开后，将麦芽糖倒进去煮，并用锅铲将麦芽糖搅融，麦芽糖融化后，再将白糖倒进去，锅铲仍须不停地搅拌。待到麦芽糖、白糖与水完全融合后，锅里的汤汁变得浓稠起来，再将花生粒也倒进去，用锅铲将花生与汤汁不停地翻炒，直到它们被均匀地搅拌在一起。冷却之后，一道传统的厦门美食"炒豆茶"就制作完成了。

厦门的"半年节"是什么节日

"半年节"是厦门人特有的节日。每年的农历六月十五，厦门人会在节前两三天时，开始做糯米粉。据《厦门志》中记载："十五日，造米圆，祀神及祖，名曰过半年。"在这一天，家家会用红曲、糯米粉做成"半年圆"，祀神祭祖后全家聚食，以祈求事事如意圆满。

"半年节"流行于福建、台湾地区。每到节日前夕，大家会围在一起搓糯米团子，有的还会将红曲搅拌入米粉中，使糯米呈现出喜庆的红色。糯米团子有大有小，一般小得多。搓好后，放在大圆盘或竹编中。讲究的人家，还会捏制一些鸡、马、牛、羊、猪、狗的形状，象征"六畜兴旺"。在节日那天，将糯米团子煮熟盛入碗中。每碗团子里，还要放入一颗红枣，俗称"半年圆"。待祭神拜祖的仪式完成后，全家人一起吃团子，以祈求后半年事事如意，人人平安，阖家团圆。

关于"半年节"的由来，一直有这样一个传说。据说，在很早以前，有一年福建一带从清明开始就是天天晴天，烈日暴晒。就这样一直晴了九九八十一天，直晒得土地干裂，百姓肚中饥饿还可熬，口干舌燥实难当。就在大家叫天天不应、呼地地无声的时候，不知从何处来了一位白发的老翁。大家看这位白发老翁一副道骨仙风的模样，就纷纷上前求告。老人看了看干裂的土地，看了看老人小孩干枯瘦弱的身体，叹了一口气说："我可以帮助你们，但你们要像过年一样，热热闹闹，欢欢喜喜，一定要高兴三天。"说完老人就不见了。人们将信将疑，但还是决定试一试。大家知道过年要杀猪宰羊，春糕做酒，可如今荒年荒灾，一无所有。最后还是当地的女人们想出了主意，她们弄来几张纸，用纸糊鸡鸭，用纸糊猪，弄来竹节当鞭炮，虽然没有大鱼大肉，倒也热热闹闹。到了第三天，当人们对天跪拜的时候，突然晴天霹雳，眨眼间下起了大雨。大家惊喜地望着天空，不住地欢呼着，让身子在雨里淋着。待雨水下透了，老百姓们赶紧耕田种稻，谁也没想到，这一年的晚稻特别好，比往年多收了三五成，当地的老百姓十分感激那位老人，但是大家并不知道那老人的姓名来历，只记得老人来的那个日子是农历六月十四。于是，到了第二年的六月十四，老百姓们为了纪念那位老人的恩德，又开始过起年来了。只不过这一次家中有东西了，他们可以用真鸡、真鹅、真猪红红火火地庆祝一番。从此以后，这里就留下了"半年节"这个习俗。

为什么厦门人中秋节要博饼

厦门独有的中秋习俗"博饼"，也叫"博中秋饼""博会饼"。这一习俗源于民族英雄郑成功。据传300多年前，郑成功屯兵厦门，有一年的八月十五中秋月圆之时，背井离乡来到厦门，满怀"反清复明"之豪气的将士们，不免产生思乡思亲之情。

博饼

为了排解和宽慰士兵佳节思念家乡亲人之苦，郑成功的部下洪旭发明了一种博饼游戏，供士兵们赏月博饼。郑成功还亲自批准从农历十三至十八，前后共六夜，军中按单双日轮流赏月博饼。这独特的游戏后来传入民间，不断地改进，逐渐成了一种有趣的民俗活动。早年的博状元饼，多为亲友或结拜兄弟姐妹间大家出钱，购买一二"会"月饼，共同博之，谁得"状元"，来年中秋节要赠送一"会"给大家博。其中有人生男孩的要送两"会"。一般家庭由长辈主持，每年买一二"会"，全家围成一圈博之。

厦门中秋习俗月饼以"会"为单位，每会63块饼，含七九六十三之数，是个吉利数。因为九九八十一是帝王所用的数，八九七十二是千岁数，而郑成功曾封过延平王，所以只能用六十三之数。这大小六十三块饼，分别代表状元、榜眼、探花、进士、举人、秀才。每会饼设"状元"1个，"对堂"2个，"三红"4个，"四进"8个，"二举"16个，"一秀"32个。古代府级考试及第的童生称秀才，乡试考中者称举人，在京师礼部会试及第者称贡士，由皇帝亲自主持的殿试及第者称进士，其中又分三甲：一甲三名，即状元、榜眼、探花，俗称三鼎甲或三及第。二甲名额较多，三甲就更多了。古代皇帝钦点状元，既要看才学又看样貌，还要推敲考究其姓氏和名字，如永乐二十二年（1424年）甲辰科殿试，状元本为孙曰恭，但明成祖觉得曰恭合在一起是"暴"字，很不吉利，于是将他降为第三名，将第三名的邢宽易改为状元。这件事说明状元不一定是"才高八斗，貌若潘安"之辈，还要有一定的运气，而往往第三名是有真才实学的那个，所以厦门会饼中的"三红"质量特别好，就是寓意在此。

一般一"会"以四五人博饼为宜。先取民间流行的赌具骰子6颗，放在大瓷碗内投掷，让参与者轮流掷骰子，根据骰子的点数领饼，以最终夺得"状元"为幸运。厦门人玩博饼，讲究的就是开心，博一个好彩头。大多数人都相信，博中状元的人这一年的运气会特别好。所以，厦门人总是对中秋节格外重视，甚至有"小春节，大中秋"的说法。

厦门的民间艺术

你知道厦门特有的音乐"南曲"吗

厦门特有的音乐种类南曲，也称作"南音""南乐""南管"和"弦管"，在中国已经有很悠久的历史。相传，南曲是唐朝末年闽王王审知兄弟入闽时带来的乐种，也有说是唐末韩偓入闽时带来的。清康熙年间，五少芳贤

南曲

进京入宫演奏南曲，一时间"官弦齐鸣，音调谐和，婉转悠扬，沁人心脾"，康熙闻之大喜，特赐予五少芳贤"御庭清客"之誉，南曲也被称为"御前清曲"。也正是因为这样，在过去演奏南曲时，还要撑把彩伞，因那是康熙帝亲赐，要以此表示荣耀。如今，台湾省，以及东南亚国家也流行南曲，而大陆这边凡是闽南方言流通的地区都有南曲。

南曲作为一个古老的乐种，它和唐、元、明等朝代的音乐都有关联，甚至受到元曲、昆曲、弋阳腔、佛曲和地方戏曲的影响，得到了进一步丰富和发展。比如南曲的主要乐器之一琵琶，横抱弹奏的称为南琶，这

种演奏姿势如今只能从古画和出土的唐陶俑中看到。南琶的"横抱"与白居易《琵琶行》的"犹抱琵琶半遮面"的"竖抱"形成了鲜明对照，足以说明其古老。南曲中还保留"汉宫秋""三台令"等唐宋古曲名称。南曲是由"指""谱""曲"三大部分组成的。"指"也叫"指套"，它是由几个有一定戏剧内容的曲目连缀而成的音乐套曲，每一节都是一首完整的歌曲。"指套"虽有唱词，但可演唱的较少，大多是由乐器演奏来完成。"谱"没有唱词，是专供乐器演奏的，比较出名的有十三套，被人们称为"南谱十三腔"，内容大致是四季景色、花鸟、昆虫以及骏马奔驰，最著名的有"四时景""梅花操""八骏马"和"百鸟归"等套。"曲"即散曲，带有唱词，是专门用来演唱的。由于散曲简短易懂，善于抒发感情，在过去，人们在茶余饭后常常三五成群，自弹自唱自娱，几乎到了"家传户唱"的程度。

南曲流传于中国香港、澳门及东南亚各国闽南人聚居地，台湾地区更是传播广、根植深。因此，南曲被赋予了特殊的历史使命，在推进海峡两岸艺术交流、增强两岸文化认同、维系两岸情感纽带方面发挥了不可替代的作用。正因如此，为了让更多的人了解南曲，最为知名的南乐团主动走进校园、社区进行公益演出，周日还会在南曲阁免费演出供市民观看。南乐团还定期与厦门市区南曲社、中小学联合开办南曲培训班、南曲夏令营，或选派优秀南曲演奏员走进学校、走进社区开展授课，每年举办一届厦门南曲唱腔比赛，至今已举办十九届，挖掘培养了一批新人，创作生产了一批新作，使南曲重新焕发生机。近几年，南乐团应邀出访菲律宾、新加坡、日本、法国、新西兰、捷克等国家，积极开展对外艺术交流演出，通过国际舞台推动中国优秀传统文化走向世界，让人们进一步了解世界非物质文化遗产南曲的价值和魅力。

旧时厦门有自己的说唱音乐吗

"锦歌"是闽南地区一种民间说唱音乐。据地方史志记载，锦歌是在宋元时期闽南地区性民歌、民谣基础上形成的，吸收了戏曲、南曲、南词的养分，经过民间艺人糅融而成，流传于闽南广大农村地区。随着郑成功驱荷，锦歌传入台湾和南洋群岛，并在那里扎根开花，锦歌在台湾还发展成为歌仔戏。在旧社会，农村萧条，农民流入城市，锦歌也跟着流进城市。旧时锦歌艺人像乞丐一样沿街卖唱，所以也有人说它是"乞丐歌"。新中国成立后，锦歌也等到了重获新生的契机。

锦歌形成的确切时间和原因一直都查不到文字记载，但从其曲调、曲目名称、故事内容和演出形式，参考闽南地方志书和历史上文人学士所提供的资料，初步分析出锦歌是在宋元时期闽南地区民歌、民谣的基础上形成发展起来的。发展过程中又受到闽南地区演出的戏曲、音乐的影响，经过广大群众和民间艺人不断地演唱和创作，逐渐丰富发展成形。据《漳州史志》记载，宋代漳州西郊筑有西湖胜地，为观赏游艺场所。如今虽然西湖旧址已废，但当地仍以"百里弦歌"为名。还有《漳浦县志》中的记载，北宋元符元年（1098年）和南宋庆元元年（1195年），曾两次在漳浦东郊兴建和修葺"弦歌堂"。弦歌是否为锦歌，"弦歌堂"是否为锦歌"堂"字派的前身，至今仍然是一个谜。但据漳浦地区文人学者说，从锦歌曲调、唱词和演出形式分析，它是在唐宋流传于闽南的"村坊民间小曲""里巷民歌民谣"的基础上发展而成的，由于它善从周围戏曲中挑出一两折戏文，或从民间音乐中选几支曲调，汇集成锦，为它自己所用，故有"杂凑歌仔""九锦歌仔"之称。

锦歌的唱腔风格大致分为堂、亭两大流派。堂派主要流传在农村中，唱腔粗犷有力，曲调接近民间歌谣，擅长唱"杂念调"，旋律灵活，变化多样，每句后面都有落尾。亭派流行在城市，唱腔比较幽雅、细致，咬字分明，采用南曲的曲调比较多，使用的乐器和指法比较近南曲。锦歌的曲调大体可分为四类。一类叫"杂念仔""杂咀仔"；一类是"四腔仔""五腔仔"，也叫"七字仔""大调"或"丹田调"；一类叫"花调""杂调"；一类是"顺乐曲"。锦歌演唱形式有一人唱念，两人对答，三四人接着唱念，也有自唱乐队伴奏的。漳州市坐的弹唱多，厦门有许多节目是站着演唱，并借助动作来表现的。锦歌使用的乐器有月琴、二弦、洞箫、南三弦、拍板等，也有以琵琶代替月琴，用品箫代替洞箫的，有的还加上唢呐。厦门地区演唱时，有用木鱼代替拍板的。

厦门的"答嘴鼓"指的是一种乐器吗

答嘴鼓，原名叫"触（da）嘴古"，至今台湾人民还这样称呼。"触"是抵触、顶撞的意思。"触嘴"就是斗嘴，或有唇枪舌剑之意。"古"就是故事。厦门方言中"讲古"就是讲故事。"触嘴古"翻译过来就是两个人在轻松气氛

答嘴鼓

中互相戏谑，讲述一个完整的故事。因此，有人也把"触嘴古"称为"拍嘴鼓"。漳州地区人民因对话语言节奏性强，称"答嘴鼓"为"答嘴歌"，直到新中国成立后才统称为"答嘴鼓"，并逐渐成为一种幽默风趣的地方曲艺，深受人们欢迎，甚至有"闽台相声"之称。

答嘴鼓的起源与发展都没有文字记载，但在古老的梨园戏以及提线木偶戏、高甲戏中都运用答嘴鼓的形式插科打诨。在闽南地区，古时候民间卖艺的、卖药的在招揽生意时，乞丐在行乞时，说的话都很讲究押

厦门的民俗特色

韵，即兴发挥如同顺口溜一样。甚至民间婚丧时也常采用一种"念四句"的韵语形式，例如新娘入洞房时的"念四句"是"双脚踏入来，交椅两边排。新娘是天使，女婿状元才"。由于"念四句"在民间广泛流传，逐渐在人们日常谈天说地时，也被用来戏谑论争。它要求双方反应灵敏，口齿流利，如一方接不下去，就会引起哄堂大笑。这种形式逐渐发展成答嘴鼓。后来，明末民族英雄郑成功率领大军进驻台湾，将士多为闽南人，"念四句"也传至台湾，被当地人称为"四句联仔"，后来逐渐发展为"触嘴古"，与闽南的"答嘴鼓"形式相同，一脉相承。

早期的答嘴鼓大约在宋元时代就有了，它与相声有相同之处，也有不同之处。相同之处是两者均是语言艺术，不同之处就有很多了：比如相声除了对口，还有单口和多口相声，答嘴鼓只有对口；相声的文字体裁属于散文体，答嘴鼓则一律是韵文，它严格要求句句押韵；相声要靠语言构成"包袱"，引人发笑，而答嘴鼓则是靠风趣的语言和押韵来吸引听众。

厦门的"高甲戏"为什么被称为"宋江戏"

作为福建五大地方剧种之一的"高甲戏"，最开始出现在泉州一带的农村。相传200年前，泉州府沿海农村每逢迎神赛会都有舞狮队表演。农民崇拜梁山英雄，往往扮作宋江、李逵、林冲、鲁智深等人物，结队游行。遇到庙会表演时，就在武打基础上表演《水浒传》里的故事。后来，它吸收了梨园戏和傀儡戏、布袋戏的剧目、曲调与表演技术，发展成为文武合演的"合兴戏"。清代中叶，它又受徽戏、江西弋阳腔和京剧等剧种的影响，逐渐形成"高甲戏"。

旧时"高甲戏"又被叫作"宋江戏"，清中叶时期发展成为"合兴班"，清末以后始称高甲戏。据明万历年间泉州府经历陈懋仁的《泉南杂志》中记载："迎神赛会，莫盛于泉。游闲子弟，每遇神圣诞期，以方丈木板，搭成台案，索以绮绘，置几于中，加幔于上，而以姣童装扮故事……"到了清末民初，闽南民间流行化装游行，尤以泉州为盛。村民每逢喜庆吉日或迎神赛会，便装扮成梁山好汉，配以南锣、南鼓和民间"红甲吹""十音"之类的曲调，游行于村镇，间或在广场上排成"蝴蝶阵""长蛇阵"等进行各种带有故事性的表演，深受村民喜爱，于是便逐渐发展成由儿童组成的业余戏班，演出内容仍为宋江故事，群众称为"宋江仔"。继而出现了由成人组成的专业戏班，时称"宋江戏"。

高甲戏的演出剧目分为"大气戏"，即宫廷戏和武戏，以及"绣房戏"（生旦戏）和"丑旦戏"三大类，其中以武戏、丑旦戏和公案戏居多，生旦戏较少。传统剧目有900多个，大半来自京戏、木偶戏和布袋戏，小部分是吸收梨园戏的，还有一些是艺人根据历史小说和民间传说而创作的。高甲戏的角色，原来只有生、旦、丑，后来又先后增加了净、贴、外、末和北、杂二色，俗称"九角戏"。音乐以南曲、傀儡调和民间小调为主。器乐过去主要是唢呐，现在是琵琶。高甲戏的表演艺术，一部分来自梨园戏和木偶戏，一部分来自弋阳腔、徽戏和京剧。初期节目没有固定的脚本，可以演员按剧情表演顺口溜，唱做也较自由，没有一定的台位，演出时间可长可短。

厦门的"车鼓弄"是卖豆腐的夫妻发明的吗

"车鼓弄"是说唱、表演合一的厦门歌舞艺术，是古代弄戏的遗存形式。"车"表示翻转，"弄"就是舞弄之意，因此又有"弄车鼓"的俗称。关于车鼓弄的来历，闽南地区流传着好几种说法，有"磨豆夫妻逗唱""武装劫救""丰收庆贺"等。不过在同安，流传较广的是"磨豆腐夫妻逗唱"的说法。到了明末清初，车鼓弄传到台湾，成了海峡两岸人民喜爱的汉族民俗娱乐项目。

"车鼓弄"起源于宋元，而兴于明清。其表演的形式、道具、器乐都比较简单。演员只有车鼓公和车鼓婆两人。在表演时，车鼓公头戴瓜帽，身穿长马褂，手持特制会转动的长烟杆。车公婆上穿开襟红衣，下系黑色绸缎裙，右手拿折扇，左手捻手帕。两人抬着一个敞口向上、上面用红绸布结朵大红花遮盖的簸斗篮，斗篮中间绑着两根用色纸缠裹的细竹竿，演

车鼓弄

员把系在竹竿两端的红带子挂在身上，抬起用簸篮装饰还会上下颤动的"鼓"，时常转动身子，做"三步进三步退"的表演动作。表演者风趣的唱词，伴着由壳仔弦、大广弦、唢呐、笛子和拍板、锣鼓组成的乐队，既歌又唱，有的歌舞结合，使车鼓弄推陈出新，深受群众喜爱。

车鼓弄在同安有三种形式，一是文车鼓，由二人表演，主要流传地区在新圩镇后埔村、汀溪镇前阁村、五显镇辽野村、马巷镇后莲村等地。二是潘涂车鼓，主要流传在西柯镇潘涂村。三是武车鼓，又称"车鼓跳"，主要流传在新店镇的沃头村。关于车鼓弄的来源，同安民间有两种说法。一是新圩后埔老艺人黄成劝所说的传闻：有一个穷困潦倒的民间艺人，半夜三更在乡村中徘徊，忽然听见远处传来诙谐有趣的男女对唱歌声，近前一看是豆腐坊间，从窗口窥视原来是一对夫妻在磨豆腐时无聊编歌对唱打趣取闹，歌词曲调亲昵且通俗有趣。这位民间艺人灵机一动，就把形式、唱词、曲调记下来加以整理、发展，成为民间表演艺术形式。二是根据同安县新店沃头村艺人蒋太原介绍，其师蒋才润曾说，车鼓弄起源于隋末唐初，当时的农民义军为了营救秦琼，化装成卖艺车鼓阵混入关内，这才顺利劫了法场。

你知道厦门的传统工艺"漆线雕"吗

　　厦门漆线雕是闽南地区的传统手工技艺，也是中国漆艺文化宝库中的艺术瑰宝之一。它萌生于厦门，遍及闽南、台湾，流传至东南亚各地，乃至全球有华人供奉神祇之处往往皆有其踪迹。自唐代彩塑兴盛以来，漆线雕便被应用于佛像装饰。漆线雕做工精细雅致，形象生动逼真，风格古朴庄重，画面栩栩如生，堪称艺苑奇葩。漆线雕在福建的历史悠久，最早可追溯到1400多年前，而后在福建其他地区也广为流传。

　　漆线雕工艺在厦门流传有300余年，历经蔡氏十三代传人。漆线雕在厦门沿海地区的发展依赖于民间宗教的兴盛及神佛雕塑行业的繁荣。漆线雕可以说是古代的佛像雕塑艺术的遗脉，是受宋元时期的线雕工艺特别是沥粉和

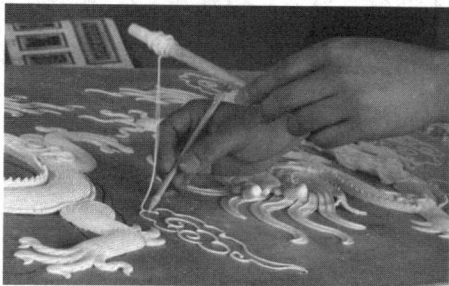

漆线雕

泥线雕等工艺的启发而产生的，最初形成于明末清初，至清晚期逐渐成熟。漆线雕以天然植物漆为主材，配以闽南特有的红砖瓦粉，和成泥状后搓成如各种精细的漆线，通过条、盘、缠、堆、镂、刻等诸多手工工艺技法精雕出金碧辉煌的建筑，栩栩如生的人物以及衣饰花纹等。过去，漆线雕大都只装饰在漆器、菩萨和戏剧道具上，以民间传统为题材，如龙凤、麒麟、云水、缠技等。因为漆线雕应用于神像装饰较多，故民间俗称"妆佛"。又因为漆线雕大多金碧辉煌，所以新中国成立后出口东南亚，称"金木雕"。"漆线雕"这个名字是到了1973年才定下来的，是以其最主要的工艺特征来命名的。

　　自清康熙年间漆线雕在闽南民间便广为流传，一些精品成为达官巨

贾的珍爱，后因工艺原始，流程复杂，几度濒临失传。新中国成立后，漆线雕作为民间手工艺，得到政府的重视。20世纪50年代，厦门成立三个生产合作小组，后转为雕塑生产合作社，社员大部分是同安、马巷、晋江以及龙溪的民间装佛艺人。他们互相交流技艺，风格程式逐渐一致。1972年，政府为了重振工艺美术，恢复了厦门市工艺美术厂，召集漆线雕艺人组成了漆线雕车间，之后又大量招收学徒。1973年，蔡水况首创在瓷盘、瓷瓶上应用漆线雕，漆线雕摆脱以往作为神像的装饰，成为具有独立审美价值的工艺品，大受欢迎。

新时期的厦门漆线雕艺术又有许多新的创造和发展，可广泛地应用于装饰、礼品、家居生活用品，甚至文化交流等领域。它不仅是日常生活精致的装饰品，还是有代表性的出口工艺品，传播到世界各地，政府也将漆线雕作为国际礼品的首选赠送友好人士，在传播中华文化艺术的同时，也加深了彼此的文化交流与情感交融。

厦门的"布袋木偶戏"具体是怎样操作的

木偶戏是中国一种古老的民间艺术，最早出现在汉朝时期的民间娱乐活动中，到了唐宋时期，木偶戏进入全盛时期，因其具有强烈的民族风格和浓郁的生活气息，出现了多种多样的表演形式。如今，在农村，尤其是逢年过节时，木偶戏仍然是主要的观赏娱乐项目之一，可以说是中国乡土艺术的瑰宝。

布袋木偶戏

厦门的"布袋木偶戏"又名"布袋戏""掌中戏"，起源于17世纪，是广泛流传于福建闽南地区的一项古老传统地方戏剧。其表演风格细腻、生动有趣，具有高超技艺，是福建常见的民间戏曲表演。

布袋木偶戏因为演出使用的木偶除了头、手掌和脚，腹部和腿部都是用布缝制而成的，形状酷似布袋，所以被称为"布袋木偶戏"。布袋木偶戏的表演，主要是用手指来操作的，所以又被称为"掌中戏"。和提线木偶戏、杖头木偶戏两种木偶戏相比，布袋木偶戏中木偶的动作节奏更加明快，迅捷有力。一般普通的布袋木偶表演，一个人可以同时操纵两个木偶，左手一个右手一个。木偶头套在食指上，是表演头部的，另外三个指头套一个手臂，大拇指套另外一个手臂，大拇指同样还要管头部的一些转动。腿的动作基本上也是靠手去操作。手腕就是木偶的腰部，手臂就形成了一个木偶。

传统的布袋木偶戏根据表演的乐调、词调与戏路划分，可以分为南北两种不同的流派，它们之间主要的区别在于音乐唱腔和表演风格上。南派盛行于泉州地区，唱的是南调，也就是傀儡调，表演上采用梨园戏做派。而漳州的布袋戏则归属于北派，唱的是北调，如昆腔、京调等，表演上采用的是京戏做派。现如今，随着布袋戏的不断发展和文化的不断融合，南北两派的界线已经越来越不明显了。

现在厦门人对于布袋木偶戏的普遍印象，已经不再是过去搬张小板凳到庙口搭设的木制彩楼下，引颈翘首看着演员们拿着手掌般大小的布袋戏偶，上演着《三国演义》等传统剧目。如今的布袋木偶戏，不仅题材更加宽广，形式也更加多样。迄今为止，布袋木偶戏已在50多个国家和地区演出、展览，戏偶也被多个国家的博物馆和艺术馆收藏。2006年，经国务院批准，布袋木偶戏被列入第一批国家级非物质文化遗产名录。

厦门的休闲娱乐

厦门人口中的"茶米"指的是什么

　　和广东人类似，厦门人也一直都有喝早茶的习惯，并称茶叶为"茶米"，称饮茶为"吃茶"，说明在厦门人心中喝茶与吃饭是有同等地位的事情。民国时期的厦门，在市区内专门经营茶叶的茶庄茶行就有三四十家，烟摊、食杂店也兼卖茶叶，足见厦门人对茶叶的热爱。

　　厦门人饮茶成风，有时在家饮茶，有时也会到"茶桌仔"去吃茶。所谓茶桌仔，多在小巷小店面摆几张桌子几条板凳泡茶供客，该习俗兴起于清末民国初。茶桌仔也往往是"讲古"场。一壶茶慢斟浅酌，听"讲古仙"讲《三国演义》、说《水浒传》，还经常能听到不少奇闻怪事、民间传说。抗日战争前有比茶桌仔规模大的茶园，如"中华茶园"等。中华人民共和国成立后，有集体经营的"茶室""茶人之家"等。1979年后，茶馆、茶室、茶艺馆纷纷开张，许多宾馆酒楼兼营早茶，还有午茶、晚茶。在家里或上茶桌仔吃早茶常有"茶配"也就是配备的茶点，一般是油条、炸枣、发粿或其他糕点，可以代替早餐。待客的茶点是花生糕、贡糖、蜜饯等，以甜品为主。到了20世纪八九十年代，宾馆酒楼的早茶或午茶晚茶已演变为风味小吃，闽粤港式都有，并成为一种新型的交际方式和民俗活动，是传统茶艺文化、饮食文化与现代文明结合的产物。

厦门人为什么喜欢给茶具起很多名字

厦门人将饮茶所用茶具分门别类，根据不同的形态起了很多有趣的名字。有的人家用的茶壶叫"小种罐"，所谓小种是因为冲泡的是抗日战争前颇具名气的"杨文圃茶行"的茶叶"小种泡"。有的人家喜爱用红色的宜兴陶壶，比手掌还小，也称"小掌"，茶杯更小，用这种茶具泡出来的茶也叫"小掌茶"。除茶壶、茶杯外，还有搁茶杯的小茶盘和一个用来放置茶壶的碗状茶洗。

在厦门茶俗中，茶杯、茶壶上的茶渍是不能洗刷的，认为那是久泡成渍，愈厚愈宝贵。因此每次喝完茶和泡茶之前，都将茶杯置于茶洗中，用煮沸的开水冲烫。一杯茶，首冲不喝，作为洗杯之用，只冲喝四五次，就将茶叶渣倒出，重新烫壶、烫杯。有的人家用的茶杯是"盖瓯"，即有杯盖和底碟。有的人家用"茶秀"，上放泡好茶叶的大壶，随时方便自家和待客饮用，这是沿用早时茶店在柜台上摆列的茶秀大壶，招呼顾客品茶的习俗。有的人家讲究茶具，旧志中曾记载："俗好啜茶，器具精，小壶必曰孟公壶，杯必曰若深杯。"孟公壶即孟臣罐，是清朝江苏宜兴著名艺人惠孟臣创制的紫砂茶具，造型典雅古朴，后人仿制，厦门人尊孟臣为茶具的祖师公，故称"孟公壶"。到了20世纪90年代，多数人家仍喜用宜兴紫砂茶具，配备整套，更加千姿百态。若深杯即"若琛瓯"，是一种白色薄瓷小杯，呈半透明状，杯身绘有山水人物或花鸟虫鱼。据传若琛也是茶具创制人的名字，后人仿制茶具叫"若琛瓯"，厦门人把"琛"谐音读为"深"，把"瓯"改作"杯"，如此便有了"若深杯"。

传统的茶艺有27道，也被叫作"茶道"。其中"孟臣沐霖""若琛出谷"是茶具及其操作方法，而"关公巡城""韩信点兵"是斟茶艺术，即低斟时环绕茶杯，每只杯子都要巡到，把余茶点滴入杯，使每杯茶色泽浓淡均匀，味道不相上下。茶艺另有"碾茶为米，沸水冲泡，用竹帚搅得发泡时才品啜"之说。在厦门，不少茶艺馆的"泡泡茶""泡沫茶"都是从过去的"发泡茶"演变而来的，其用具、制法都较以往更加新颖。

为什么说厦门人"无酒不成宴"

中国的酒文化可谓是源远流长，各地的饮酒风俗各不相同，但每逢节日喜宴，总少不了要饮酒、敬酒，厦门也不例外。一年四季，逢年过节，厦门人饮酒的风俗可以说是无处不在。

在春节期间，按照厦门旧俗要请吃春酒迎春。端午节则"饮雄黄酒，并以酒擦儿顶、鼻，巽房壁、床下以去五毒"。有的人还会在端午正刻，用雄黄泡烧酒遍洒环境潮湿之地，以灭蚊蝇，甚至用雄黄酒在黄纸上写"渐耳"字样的神符贴在门后，以防邪鬼入侵。中秋佳节博饼、饮酒、赏月。除夕喝团圆酒，全家大小都要喝一些，不会饮者以茶代酒。而老人常遵古习俗喝"屠苏酒"或"五加皮酒"。屠苏酒是用赤术、桂心、防风、桔梗、首乌、赤小豆等中药浸酒而成，"元旦饮之，辟疫疠一切不正之气"。五加皮酒则是"浸五加皮及一些药，皆有神效"。

除了节日宴饮，凡是喜庆宴会必有酒，可以说厦门人是"无酒不成宴"，所以当地直接称宴席为酒席，而且第一杯酒要先喝红酒，取"红事"之意。还有"无三不成礼"，即在宴会上，第一杯是敬酒，第二杯常言好事成双，第三杯是所谓"无三不成礼"，即这边酒席上常说的"酒过三巡"。在祭天地、敬鬼神时，也有用拇指和中指在酒杯中沾一沾，然后向天连弹三下，或向上、向前、向后各弹一次，以三成礼。订婚时有"订婚酒"，结婚时要办"喜酒"，入洞房还有"交杯酒"。生男育女做"满月"、做"四个月"、做"周岁"等均要办"喜酒"。做寿庆要有"寿酒"，就连办丧事也要请喝酒，"初丧置酒召客"，同样也离不开酒。此外，还有灵前墓前酒地的"祭奠酒"，送行的"顺风酒"，迎归的"洗尘酒"，都是民间酒俗。杯酒交友，杯酒言和，这也是厦门酒俗。旧志载：间以负气相角，睚眦小忿亦可杯酒言消。可谓是生老病死，无酒不入。

值得一提的是，在厦门许多家庭还会根据配方，自泡药酒，把酒作为补品，称药酒为补酒。每逢寒冷节气进补时都要喝些补酒，尤其是年纪大的人，平时也少量喝点。产妇一般都要喝"老酒"。"老酒"是用糯米酿制而成的，具有度数低、营养高、味道香、口感甜的特点。小孩子在青春发育期也要吃补，厦门人认为在鸡鸭、排骨等炖品中掺些"老酒"或"药酒"，可以补上加补。

厦门人常说的"七分茶八分酒"是什么意思

厦门的结婚酒席十分讲究礼节，首先应由新郎家长致欢迎词，然后举杯敬酒，第一杯是红葡萄酒。宴席中必具鸡汤，这道菜肴一出，新郎新娘就要双双到各宴席敬酒。新郎、新娘酒量不大的，可以由"新郎伴""新娘伴"代饮。双方家长也要

七分茶八分酒

在新郎、新娘敬酒后到至亲或同辈宴席敬酒致谢。其他宾客也向新郎新娘和双方家长敬酒祝贺。斟酒以八成为礼，常言道："七分茶八分酒。"常说的"满上满上"也只是斟上八分而已，这是为什么呢？

相传，有一次王安石作了一首咏菊诗："西风昨夜过园林，吹落黄花满地金。"诗句没有写完就有客人拜访，王安石就放下笔去见客了。此时恰巧苏东坡来了，看了这两句不以为然，心想菊花敢与秋霜战，至死焦干枯烂，并不落瓣，怎么会"吹落黄花满地金"呢？于是依韵续诗两句："秋花不比春花落，说与诗人仔细吟。"王安石见到续诗，想到苏东坡不晓得黄州菊花落瓣，也怪他不得，于是密报天子，调他到黄州当了个团练副使。临行前，王安石交代他："待得回京城时，带一些长江中峡水回来。"苏东坡在黄州当官一年，重阳节之后，苏东坡与好友陈季常到后花园赏花，不禁大吃一惊，只见菊花棚下，满地铺金。至此方知，同为菊花，竟也有落瓣与不落瓣之分。

三年后，苏东坡回京城，特意改道三峡取水。可惜途中只顾贪看美景，船过了中峡，才想起取水的事。打算让船夫回头时，船夫说："三峡水流如此湍急，回头谈何容易，三峡水一流而下，下峡水不是也从中峡来的吗？"苏东坡一想有理，就取了下峡水去了京城。苏东坡回到京城送水给王安石时，王安石很是高兴地留下他一起试新茶，取出皇上新赐的贡茶，用三峡水冲泡。苏东坡不待王安石开口，忙抢先说自己在黄州的经历，菊花确实有落瓣的。茶泡好，王安石给自己和苏东坡各倒了一杯，只有七分。苏东坡心中想，此老竟如此吝啬，一杯茶也不肯倒满。王安石端起茶，喝了一口，品评一番，皱起眉头说道："你这水是三峡水，但不是中峡水吧？"苏东坡吓了一跳，赶忙把情况说明。王安石说："三峡水性甘纯活泼，泡茶皆佳，唯上峡失之轻浮，下峡失之凝浊，只有中峡水中正轻灵，泡茶最佳。"苏东坡如醍醐灌顶，幡然醒悟。王安石又说道："你见老夫斟茶只有七分，心中一定编排老夫的不是。"苏东坡被说中心事，连忙说不敢。王安石又说："这长江水来之不易，你自己知晓，不消老夫饶舌。这茶是贡茶，一年正贡365叶，陪茶20斤。皇上钦赐也只有论钱而已，斟茶七分，表示茶叶的珍贵，也是表示对送礼人的尊敬。斟满杯让你驴饮，你可知珍惜？好酒稍为宽裕，也就斟八分吧。"苏东坡听后，一句也不敢回应。从此以后，便流传下来"七分茶八分酒"的礼仪。

厦门人平日饮食里有哪些有趣的说法

在厦门，日常饮食有许多有趣的习俗，也有许多禁忌和讨彩的说法。譬如厦门人在吃饭后，碗里不能留下饭粒；客人没有离席前，主人不能收拾碗筷，否则有失礼节；端碗时，大拇指一定要搁在碗沿上，如果把手指都托在碗底，会被斥责为"乞丐相"等。在这些饮食习俗中，最烦琐、最有趣的部分当属与筷子有关的，比如办喜事时一定要用红色筷子，办丧事时用白色筷子。但如果是年过八旬的老人举办丧礼，则可以用红筷，这种红筷常有人争相索取，这意味着活人托了老人的福。吃寿面时，不能用筷子夹断面条。寿面越长越好，预示着长寿；被夹断属于不吉利的表现⋯⋯

厦门有句谚语讲："日求三餐，夜求一宿。"厦门人常说的"日食"是指一天三餐的饭菜，而平时讲的"吃饭"则是米面、粥饭、菜肴的总称。厦门人的一日三餐，通常是中午吃干饭，早晚吃糜。除三餐外，还有点心，如"黄花鱼煮面线""蚵仔煮面线""竹蛏米粉汤""虾仁米粉汤""豆签汤"等。

过年过节，厦门人的吃食就更为讲究了。春节、清明、三日节要吃薄饼。厦门人之所以叫薄饼，是因为有"婆饼"的典故，后将"婆"谐音为"薄"，更因为烙制的面皮特别薄，与其他地方不同而改叫薄饼。薄饼的馅用甘蓝、冬笋、胡萝卜、青豆荚、豆干、青蒜切成细丝，再掺进虾仁、蚵仔，用重油炒，然后熬烂成薄饼菜，用薄饼皮卷着吃。佐料有虎苔、香菜、蒜白、芥末、甜酱、辣酱等。年夜饭要有火锅，以便围炉团圆。必须有鱼，象征年年有余。还要吃用开水冲烫的"血蚶"，有"蚶壳留过年，来年赚大钱"的俗语。大年初九"天公生"，民间要蒸龟、桃、鱼、圆等，即用糯米粉泥做成皮，馅为绿豆蓉、黑芝麻、花生酥。包好后，用雕有寿龟、寿桃、鲤鱼图案的木模压印后蒸熟。圆是染成红色的糯米包，也是用手工做成。

厦门人上元节、半年节、冬至都要吃汤圆。汤圆象征团圆，在吃法上有内馅的汤圆常煮汤吃，而无内馅的则干吃。二月二吃蚝仔饭，"为各土地神祝寿，家造蛎房饭为供"，这是厦门独特的风俗。端午节吃粽子，"五月五日端午……粘符制采胜及粽相馈遗""六月六日，以黍为粽荐土神"。各地端午节吃粽多蘸糖吃，唯有厦漳泉为"碱粽"，六月六日才制粽则更具特色。中秋全国皆吃月饼，然"博会饼"唯有厦门有此风俗。除月饼外，吃番薯、芋也是厦漳泉的食俗。旧志中记载，中秋"夜荐月饼、芋魁祀神及先，亲友相馈遗"。厦门的"栗子糕"类似杭州的重阳糕，"以糜栗为屑"黏于糕上，只有重阳节日摊贩才有制售。立夏吃苋菜面也是厦门特有的食俗。重阳、霜降、立冬进补，有"一年补趄趄，不如补霜降。一年补常常，不如补重阳"的俗谚。

你知道厦门人也有自己的"工夫茶"吗

都知道广东人爱喝茶，当地的工夫茶也颇有名气，但其实闽南的工夫茶也很有历史。厦门是工夫茶的起源地之一，有着浓郁的茶文化氛围。

厦门茶文化的精华是茶道，具有五境之美，即茶叶、茶水、茶具、火候、环境。首先，茶叶以新为贵。厦门人大多爱喝乌龙茶，乌龙茶经冲泡后，叶片上有红有绿，汤色黄红，口味醇厚。厦门人多爱择安溪的铁观音，铁观音号称茶中极品，有诗盛赞："珠泉隽味和胸臆，玉液新香沁齿牙，两腋清风瓯泛绿，一壶春雪笔生花。"其次，茶水考究。泡茶要用软水，即每公升水中钙、镁的含量低于八毫克的水。这样泡出的茶才能口味醇厚，色泽纯正。再次，火候与汤候适度。火候指煮水的火力，煮水时间的长短与汤候有关。品茗必须茶、水、火三者都好，缺一不可。厦门的品茗行家烧水，既要烧沸，又不能过火，这样茶汤才能鲜美。最后，茶具精选。厦门人饮乌龙茶，爱选用有加盖的陶器茶具，因其会"保香"和"保味"。厦门人最喜欢"孟公壶"和"若深杯"，小巧精美，具有艺术价值。环境，茶道讲究品茗佳境。随着生活水平的提高，越来越多的厦门人喜欢在厅里摆设茶具，增添雅致，品茗成了一种高尚的精神追求和高品位的休闲方式。

厦门的美食特产

厦门的美食

面线糊的产生与乾隆皇帝有关吗

　　面线糊是厦门的传统名点，用细面线与番薯粉制作而成。食用时，先将水煮开，放入番薯粉和调料、面线。面线糊的配料多种多样，大肠、虾仁、猪肝、卤蛋、煎蛋、香肠等均可作为配料。煮熟后的面线呈糊状，吃起来清甜爽口、味道鲜美，颇

面线糊

具闽南风味。在厦门，面线糊一般作为早餐食用，也有人拿来做点心和夜宵，就着油条或马蹄酥一起吃，味道十分鲜美。

　　在一天的清晨喝上一碗暖暖的面线糊，这一天都会觉得精力充沛，温暖十足。很多用料讲究的店家对一碗简单的面线糊，也要求做到精益求精。首先，汤头一定要是用大骨和扇骨长时间熬制而成的高汤，面线也一定要手工制作，才更为筋道爽滑，地瓜粉也要用上乘的。卤汁分鱼类和肉类两种，鲂鱼只能是野生的，不用人工饲养的。猪肝是每天清晨到菜市场里精心挑选，成色最为粉嫩的，买回家后要仔细清洗……一碗不过六七块钱的面线糊，就在这些店家的手中达到最完美的状态。

碎软的面线糊被端上桌来，稠而不黏，糊而不烂，软滑得似有若无，柔软的汤水也透着清亮，清爽又不寡淡的稠度，最适合清早刚刚苏醒的肠胃。面线糊的另一大特色在于它的各种配料，有醋肉、米血、大肠头、猪腰、猪肝、虾仁、海蛎、海带、黑木耳……可谓是应有尽有！加上一大把料，将面线覆盖在里面，鸭胗透着嫩红，大肠、心管泛着油光，点缀上猪血和葱花，香溢诱人。吃上一大口，细细咀嚼，能感觉到面线根根分明，鲜嫩顺滑。再喝上一大口汤，温热鲜甜，带着点胡椒味。一整碗面线糊下肚，逐渐温暖的胃一点点被融化。

相传，面线糊的产生与乾隆皇帝有关。当年乾隆下江南，来到了一个名为罗甲村的小村庄。彼时粮食短缺，村民穷得揭不开锅，实在想不出用什么食物来接待乾隆皇帝。后来，乾隆皇帝在村中一名秀才家落脚，秀才的妻子急中生智，在家中翻出一些往年剩下的猪骨鱼刺，下锅熬汤后，又从橱柜中清扫出一把面线碎和少量木薯粉。她把面线、木薯粉与汤同煮，做出了一碗面线糊，献给乾隆，并名之曰"龙须珍珠粥"。乾隆吃后龙颜大悦，询问秀才妻子："这'龙须珍珠粥'是如何做成的？"秀才妻子答道："是家传秘方，用上等面线和地瓜粉加工而成的。"乾隆皇帝重重赏赐了秀才一家，面线糊这道美食从此在厦门地区传开了。

蛤仔煎是郑成功发明的吗

蛤仔煎又称蚝仔煎，是闽南地区特有的小吃，以香鲜细腻、美味可口而深受人们喜爱。蛤仔又称海蛎、蚵仔，是厦门人碗中不可缺少的美食，每到过年时，厦门人一定会吃一碗蚵仔面线。蛤仔是我国沿海普遍分布的贝类，因其肉质特别鲜嫩，价格又十分便宜，逐渐成为沿海人民特别爱吃的一种贝类。

蛤仔煎是厦门地区一道考验妇女厨艺的必备题目。它的制作方法听起来简单，但要做到风味独特，还是有些难度。因为新鲜的蛤仔味道有点腥，如何既保证蛤仔的新鲜程度，又能去掉腥味就显得至关重要了。通常，为了去除腥味，有些厨师会在蛤仔里拌入鸡蛋。但这么做在遮掉蛤仔腥味的同时，也改变了蛤仔煎本来的口味。正确的做法是，将鸡蛋液围在蛤仔煎的周围，以达到保持蛤仔原味的目的。蛤仔的鲜味、鸡蛋

蛤仔煎

的浓香，再加上厦门特有的辣椒酱，一道完美的蛤仔煎就完成了。厦门的辣椒酱和其他地方的有点不同，首先它的颜色鲜红欲滴，不是常见的暗红色，其次它的味道甜辣兼备，其中甜味略浓一些。将辣酱倒入碟中，加一块蛤仔煎蘸食。在厦门当地，新娘入门后第一次给公婆做的家常菜中必定不会缺少蛤仔煎的身影。如果蛤仔煎做得好，会让公婆另眼相看。

历史上，蛤仔煎的诞生与百姓的困苦生活有着千丝万缕的联系。它是人们在没有办法吃饱饭的情况下的粮食替代品。但也有传闻称蛤仔煎是郑成功军队的发明，相传在1661年，荷兰军队占领台南，郑成功率兵攻入，想要收复失地。荷兰军一怒之下藏匿起当地全部米粮，郑军在缺粮之余急中生智，就地取材，将当地特产蛤蜊连同番薯粉加水混合煎成饼吃，后来流传开来，最终成了风靡整个闽南地区的名小吃。

土笋冻与戚继光有什么关系

土笋又名"涂笋"，但土笋却不是笋，根本就不是植物，早在明代的《闽中海错疏》中就已有记载。它的原料是一种生活在沿江河入海

处咸淡水交汇的滩涂上的软体动物，饱含胶质，学名叫"可口革囊星虫"，厦门人称其为"沙虫"。将沙虫掘出后先泡在水里，待其吐尽杂物，然后再下锅熬煮。煮到胶质渗出，锅内黏黏糊糊，即可舀出，盛放在小碗中。吃时配以酱油、甜酱、辣酱、海蜇、萝卜丝等，口感滑溜爽口，味美甘鲜。闽南人有一首闽南语歌，名叫《哇，土笋冻》。歌里唱道："酸醋芥末芫荽香，鸡鸭鱼肉阮（我）都无稀罕，特别爱咱家乡土笋冻，哇，哇，想做土笋冻。"当地居民对这道小吃的热爱，从歌中可见一斑。

说起闽南地区哪里的土笋冻最好，各种说法层出不穷，例如有"厦门说""海沧说""龙海说""漳浦说""泉州说""安海说"等。各式各样的传说在民间流传许久，随着时间推移，它的地位在不断地提升。其实，早年间的土笋冻只是难登大雅之堂的市井小吃，许多有文化、讲卫生的人士并不屑吃这些东西，

土笋冻

更不会有人讨论哪里的好。如今，时代进步，男女老少个个都成了土笋冻的忠实爱好者，甚至以争当最佳土笋冻产地的居民为骄傲。只不过是小小的虫子，却被我们充满智慧的祖先制作得冰晶似玉、甘洌鲜美，不得不为我们能有这么棒的"吃货"祖先感到自豪啊！

传说土笋冻与抗倭名将戚继光颇有渊源。在明朝嘉靖年间，戚继光来到安海抗倭。由于粮草紧缺，士兵无计可施，只好来到滩涂捕捉沙虫煮汤喝。戚继光用餐时，汤汁已被士兵分食而尽，仅剩下凝结成胶状的沙虫。他拔出佩剑，切下一块细细品尝，没想到沙虫的滋味非常鲜美。厨师知道后，便依照这种土法加以改良，土笋冻就从此诞生了。土笋冻不仅味道鲜美，富含营养，还有药用价值。若是喉咙疼痛不舒服，吃土

笋冻能起到止疼的作用。此外，土笋冻还有降火消炎、清凉解热的功效，在三伏天绝对是受人喜爱的街边小吃。

炸枣里为什么没有枣

说起炸枣，对于外地人来说可能有些陌生。其实厦门人口中的炸枣就是江南地区的麻团，只不过闽南人习惯用闽南语直译的方式，便有了这没有枣的炸枣。闽南的炸枣与江南麻团不同，江南麻团是将粳米粉与糯米混合揉成粉团，麻团里面不加料，只在外面裹上一层白芝麻。而炸枣属于闽菜系，以地瓜与糯米粉混合制成面皮，馅则选用花生、芝麻等物。把馅包入皮里，下锅油炸，外不裹芝麻。做法有些类似汤圆，但又有所不同。刚出锅的炸枣吃起来外酥内韧，十分香甜可口。炸枣根据口味划分为咸甜两种，甜馅以黑芝麻、花生碎居多，有时也会用黄豆馅等。咸炸枣里头有炒制过的豆干、韭菜、甘蓝、虾仁等。

闽南人多爱热闹，以前在农村，逢年过节就会举办各种各样的活动，譬如春节过年、结婚生子、祭拜祖先、拜天公敬菩萨等。每到这些时候，代表着"美满团圆""财源滚滚"的炸枣自然是餐桌上必不可少的一道美食。如今，大多数人不像以前那么讲究，早餐摊里随处可见卖炸枣的，不必等到逢年过节也可以吃到美食。

炸枣

虽然炸枣很受欢迎，但其实它的做法很简单。先将削完皮的地瓜入锅蒸熟，捣烂成泥，然后倒入糯米粉、糖与之混合。将整个面团分成数个小面团，用汤匙装入一勺馅料，然后收口搓圆，但要注意不能像搓汤圆一样搓得十分光滑，否则炸起来会不膨。待锅中油热大滚之时，将包好的小面团一个个依次下锅，炸的时候面团会越膨越大，一定要在发胀的时候翻动或者滚动。尽量选用网勺来滚动油锅，这样一来可以防止炸枣的皮因粘筷子而破掉，二来滚动能使炸枣均匀受热，随着炸枣渐渐浮起，翻动的频率也越来越高，炸至金黄色后，就可以出锅了。不过冷却后的炸枣会瘪掉，因此在出锅前可以开大火使其外皮更加酥脆，这样就能一直让炸枣保持圆滚滚啦。

厦门哪家店的韭菜盒最出名

韭菜盒是福建闽南民间风味小吃之一。制作时，先将韭菜切末，再打蛋并搅拌均匀。下油锅煎炒鸡蛋成型后，盛出凉透。把粉丝、虾皮、红萝卜丁等煮熟后与鸡蛋混在一起，按照个人口味加入盐、胡椒粉等调料，搅拌均匀作为馅料。馅料包进面团中，入油锅分正反两面用小火煎熟，韭菜盒就做好了。韭菜盒在厦门算得上久负盛名。最让人惊艳的，还要数20世纪40年代，位于中山路太山口吴唇老师傅制作的韭菜盒了。吴师傅的韭菜盒成品呈螺旋状，表皮层层酥脆，内馅鲜美无比。一口咬下，韭菜的香味扑鼻而来。尤其是春季，刚割下的韭菜格外细嫩，做出来的韭菜盒子更是别有滋味。

关于韭菜盒的面皮有很多种做法，可以冷水和面，可以温水和面，可以开水和面，还可以做发面的面皮，完全依据个人喜好。这里简单说一下烫面。

烫面就是指用沸水和面，边加水边搅拌，待稍凉后揉成团，再做成各类食品。其原理是利用沸水将面筋烫软，以及将部分的淀粉烫熟膨化，降低面团的硬度，因此水温越高，沸水量越多，做出的面皮越软，吃起来越不筋道，而且还会粘牙、粘手。因此，一般的烫面并不全部用沸水，而是酌量掺入部分的冷水，来保持其韧性。不过，虽然烫面面皮较软，操作的时候要比较小心，但成品却外皮酥脆，内皮松软，十分好吃。

鼓浪屿上唯一可以占道经营的小摊是卖什么的

在厦门鼓浪屿，有一道独特的风景线——推着小摊车贩卖小吃的叶氏麻糍。据说，它是岛上唯一可以占道经营的小摊。当你来到龙头路的三岔口，站在小吃摊面前，摊主会麻利地拉开摊车下面的抽屉，取出糯米制作的糍粑，在其中裹入花生碎、黑白芝麻碎和糖粉混合而成的馅料，揉成团状后再滚一层黑芝麻粉，制作麻糍的熟练技术看得人眼花缭乱。将麻糍塞入口中，那种甜而不腻、糯而不黏的滋味立马在舌尖上跳起了舞。

叶氏麻糍

相传，叶氏麻糍在厦门已有上百年的历史。随着时间流逝，有的老字号生意不断扩大，最终走上了规模化道路；有的老字号则逐渐被人们遗忘，湮没在时光里。唯独这家叶氏麻糍，百年来一直停留在小摊车经营的状态，保存至今，这简直让人不可思议。

80多年前，叶氏麻糍的创始人叶成屋才12岁，父母双亡，只能和哥哥相依为命，从安溪到鼓浪屿讨生活。叶成屋刚开始只是在店里打杂，几年后成为学徒，开始学做茯苓糕、碗糕、麻糍等几十种厦门传统小吃。直到20世纪30年代，他才开始在鼓浪屿沿街叫卖麻糍。当时的叶成屋边喊"麻糍"边走街串巷，担子的两头一边是麻糍，一边是井水。就着清凉的井水，吃着香甜软糯的麻糍，成了一代又一代鼓浪屿人美好的童年记忆。即便在多年以后，很多华侨回到鼓浪屿，仍然不忘到叶氏麻糍买些麻糍吃。

那时候的叶成屋和很多同时代的手工艺人一样，为人淳朴厚道，凡事为他人着想。当年叶成屋沿街叫卖，肩上的麻糍担里还放着一样特殊的物品：粗糠壳。原来，这粗糠壳是专门为那些搬运工人准备的。因为搬运工人平日里劳动量大，经常气喘吁吁。如果一边大口喘气，一边一口气喝下冰凉的井水，会伤到肺部。于是叶成屋就在水碗内加些米糠，这样搬运工在喝水时得先把米糠吹开，如此便能换气舒气，不会伤身。

叶成屋一生育有4子4女，早年为了养家糊口，他经常白天挑担叫卖，晚上连夜磨米备料，睡眠严重不足。实在熬不住时，他就往额头上拍些井水，借以提神，然后继续劳作。1958年公私合营，叶氏麻糍被并入鼓浪屿食品厂，叶成屋被安排做年糕、发糕和豆浆腐竹等工作。自此之后的20年间，鼓浪屿再没有人做麻糍卖。改革开放后，个体经济迎来发展。1978年，叶成屋的三子叶建佳、四子叶建胜，在父亲指导下做起了麻糍生意。1981年，退休后的叶成屋依然喜欢上街卖麻糍。为了方便游客购买，传承传统小吃文化，有关部门特批他们可以在龙头路三优街边摆摊销售。

为什么厦门人吃水果喜欢撒酸梅粉

在厦门，有一些水果摊会将水果切好后撒上酸梅粉再卖给顾客。第一次到厦门的游客，可能会认为这种吃法非常古怪，但当他们尝过之后，通常会产生欲罢不能的快感。因为酸梅粉能够增添水果的风味，尤其是诸如芭乐这类没有过高糖分含量的水果，加入酸梅粉后，口感更有层次，果肉也显得更甜。许多有讲究的厦门饭店，在上水果盘时会提前用酸梅酱腌制水果，在水果的甘甜中混合了梅子的酸味，非常开胃爽口。

酸梅粉是从传统饮料酸梅汤中衍生出来的，在民间有"清宫异宝"之称。通常酸梅粉会选用纯天然的青梅、山楂、甘草、桂花等具有药用价值的材料为原料，经传统手艺或现代设备精制而成。酸梅粉成品既保留了原料中的有益成分，又具有香味浓郁、酸甜爽口的特点。因为其内含乌梅，所以有生津止渴、消暑降温、健脾开胃、防火提神的功效。酸梅粉中还富含花青素，这种天然的植物化学物质可以帮助身体有效地排出脂肪和毒素。酸梅粉作为老少皆宜的固体饮料，用来拌水果可使水果酸甜可口，更加好吃。

厦门古法鱼汤有什么制作秘诀

在厦门，大多数人都喜欢喝鱼汤，黄鱼汤面线更是当地人的最爱。整道菜的精髓在于鱼汤的醇香，厦门古法鱼汤讲究汤色白、味道鲜。

制作古法鱼汤从选材开始就要格外仔细，在菜市场挑选黄鱼时，要选择眼球饱满、又黑又亮，鳞片完整有光泽，肉质坚实有弹性的黄鱼，只有满足了这些条件，才能确保黄鱼足够新鲜，煮熟后的鱼肉才能像蒜瓣儿一样清鲜洁白。鱼汤汤色要够白才好喝，这是鱼汤鲜美的秘诀。要想让鱼汤够白，就要在炖鱼前将鱼放到油锅里稍稍煎至外皮微焦，把煎鱼的油脂一起放入热锅里，保持中到大火熬煮，让鱼中的蛋白质不断析出，油脂就会和蛋白质发生乳化反应，待鱼的蛋白质将油脂粒包裹住后，整锅汤便会在光线下呈现出诱人的奶白色。还有一点要注意的是，水要一次加够，煮汤过程中不要再加水。

将白菜、木耳、黄瓜等配菜洗净切好后煮进鱼汤，也可按自己的喜好加入喜欢的配料。将之前用盐和鸡蛋清腌制过的黄鱼肉片也放入烧开的鱼汤，再依次放入葱末、芫荽末和一大勺闽南特有的葱头油，提香又够味。汤炖好后，再加入闽南特色的手工面线。筋道的面线吸收了鱼汤的鲜味，口感十分顺滑，充满地道的厦门风味。

如今的古法鱼汤在使用的食材和烹饪手法上，都有了改良。但味道依旧是多年前很多人儿时记忆中的鲜甜。对于很多人来说，最好的味道都是妈妈的味道、家的味道。厦门的厨师们遵循着传统的料理方式，结合现代的审美在食材和视觉上进行升级、改良。即使不能感动每一个不同地区的食客，但他们依然努力去呈现记忆中最好的味道。不只为了健康，也不只为了回忆，还为了逐渐消失的传统厦门菜。

厦门春卷是如何诞生的

我国许多地区都有吃春卷的习俗。厦门春卷与其他地区的春卷不同，它一般采用甘蓝、冬笋、胡萝卜、青豆荚等做原料，切成细丝后加入虾仁与海蛎子一起下油锅翻炒至烂熟。起锅后，有的还会熬煮第二遍，使味道更加鲜美醇厚。厦门春卷的配料也非常独特，是用一种生长于礁石上的海苔制成的。将海苔捞起、晒干并炒制过后，连同薄饼一同端上桌。吃时先把海苔铺在薄饼上，再加入春卷馅料，卷起后开吃。

厦门春卷

相传，厦门春卷的诞生与明朝时期同安人蔡复一有关。那时蔡复一担任湖广云贵的军务总督，每天都需要批阅无数公文，一忙起来就没时间吃饭。蔡复一的夫人担心他的身体，便想出了一个主意，她用薄面皮包菜，让蔡复一可以左手取食，右手握笔。一边吃饭，一边办公，非常方便。蔡复一回到故乡后，这种吃法也随之带到了厦门地区，并逐渐流传开来。后来，春卷便成为此地的一道家常菜了。

每逢春节、清明节、三月节等节日，在民间许多居民百姓都有吃薄饼的习俗。而在早期的厦门和鼓浪屿，就有几位专门制作薄饼的师傅。他们虽然平日里只是摆摊或开小店，但却长年生意兴隆。正宗的春卷比较考究的一是菜料，二是饼皮。在烹制薄饼菜时，要先将豆腐干、猪腿肉、甘蓝、胡萝卜等全部切丝待用。然后将猪肉、豆干丝、鲜蚝放入热油锅里炒熟，铲出暂放在盆内。再将各种菜料倒入热油锅里清炒几分钟，随即倒入虾汤或骨汤，调入适量食盐、白糖，拌匀后用微火将菜焖熟。之后再将猪肉、豆干、虾仁等倒入锅内同菜料混合，调入适量味精即可，锅里要时常保持一定的汤汁和热度，这样吃的时候才能保持原有风味。薄饼皮是用面筋在平底锅烤制而成的，成品以薄和韧为好。卷春卷时，在皮上放点酥过油的海苔、新鲜的芫荽，抹上厦门的蒜蓉辣椒酱，卷好趁热吃，鲜香四溢。把卷好的春卷过油炸就成了当地的另一种特色小吃——炸春卷，也另有一番滋味哦！

你知道沙茶面背后的故事吗

作为较早对外开放的城市，厦门人的生活中有很多舶来品，沙茶就是其中一种。沙茶最早始于印度尼西亚，也有人说是来自马来西亚。原本应读作"沙嗲"，但是到了饮茶成风的厦门人嘴里，便顺口叫作"沙茶"。这"茶"本是厦门方言的"茶"，与普通话的"嗲"读音相似，后来随着沙茶的名声远扬，普通话读音的沙茶便成为最流行的版本了。

沙茶面

沙茶面的做法很简单，先将面条放入笊篱中，下开水锅烫熟，再捞到碗里。然后随自己的口味加入猪肝、猪腰、鸭腱、大肠、鲜鱿鱼、豆腐干等辅料，最后淋上一直在大锅里滚开的汤料，几分钟之内一碗香喷喷的沙茶面就被端上桌了。

关于沙茶面的起源，还有一个故事，据说是发生在18世纪末的厦门。那时候，当地人大多以捕鱼为生。在山脚下，就住着一户渔民，丈夫出海后遭遇风暴天气，不知所终，留下一对母子相依为命。儿子长大后，也走上了捕鱼为生的道路。在某次捕鱼途中，儿子的船也不幸遇到了意外，从此再也没回来。家里的老母亲不愿意相信儿子已经丧生，她天天来到码头上等待儿子归来，一双眼睛在极度的悲痛中哭瞎了。

没想到的是，儿子在海上被印度尼西亚的商船所救。他跟随船队来到了印度尼西亚，并发现印度尼西亚人常吃的沙嗲十分美味。几经波折，儿子终于搭上了回厦门的船只。他带着沙嗲粉回到阔别已久的家园，才发现自己的母亲眼睛瞎了，牙齿也几乎掉光了。儿子非常悲伤，发誓一定要让母亲以后过上好日子，并吃到世界上最美味的食物。然而，儿子竭尽所能做出的食物，丧失味觉的老母亲却始终品尝不出味道。某天，儿子为母亲煮了一碗面条，并在面条上铺了一层母亲过去最爱吃的花生碎。母亲尝过面条后，轻轻地说："面条的味道太淡了。"听闻母亲的味觉有恢复的迹象，儿子欣喜若狂，他急忙去厨房找盐，准备给面条加点咸味，结果发现家里的盐已经用光了。情急之中，儿子把从印度尼西亚带回的沙嗲粉加入碗中，端给母亲。没想到，母亲很喜欢沙嗲的味道。儿子高兴极了，这碗普通的面条在加入沙嗲后变得美味非凡。从此沙茶面便传开了。

你吃过厦门的白灼章鱼吗

章鱼的做法有很多，但白灼的做法却是厦门独有的。白灼章鱼讲究的是品尝原味，也只有白灼的烹饪方式能最大限度地保留章鱼的甜鲜。口感鲜嫩爽脆的白灼章鱼，搭配上清脆的黄瓜、酸甜的腌萝卜，还有香甜的芫荽，清爽于口鲜醇于心，冰脆鲜爽的弹牙口感让人回味无穷，白灼章鱼成为厦门最受欢迎的经典菜品之一。

制作白灼章鱼不仅需要多道工序，而且每道工序的细节都十分考究。首先，白灼章鱼讲究的是原味，食材的选取必须鲜活，否则口感软烂，失去精髓，这些都不是冷冻章鱼能够替代的。其次，磨章鱼更是重中之重的一道工序。磨章鱼不仅

白灼章鱼

可以去除章鱼身上的黏液，还可以使章鱼的口感更加爽脆。好吃的章鱼一定要用手工揉搓，才能原汁原味。最后煮章鱼的火候也很关键，用大火沸水烹煮章鱼，一分钟左右后捞起，然后放入冰凉的矿泉水中，用保鲜膜隔开后再放进速冻室冷藏。

许多厦门人最爱的就是这一口鲜脆无比的白灼章鱼，白灼章鱼可以说是厦门地区颇具人气的下酒菜之一。不过，外地人若是去章鱼店点这道菜，有几点是要注意的。首先，冬天的章鱼店都是不营业的，想吃这道菜只能夏天去。这是因为章鱼店经营的都是一些海鲜凉菜，例如白灼章鱼、土笋冻、生腌血蚶、冻鲨、加锥螺等，在夏天吃是消暑良品，在冬天却恰恰相反，因此章鱼店在冬天是不营业的。其次，白灼章鱼有白章和红章之分。白章个头较大，肚大须粗短，是真正的章鱼。红章学名为"长蛸"，闽南话俗称"嘎椎"，肚小而须细长是假章鱼。一般来说，白章的口感更清脆更好吃，价格也稍贵于红章。最后，便是白灼章鱼的蘸料了。通常蘸料都是由酱油、陈醋、芥末酱、厦门甜辣酱、蒜蓉、糖等调料一起调制而成的。虽然每家所用的调料成分是一样的，但调料的

配比不同，口味也大相径庭，因此便有了每家店自己的独家秘制蘸料。正因为店与店之间蘸料的细微差别，最终会影响整体的口感，从而决定了每家店的不同口味。而且不同的蘸料也会配不同的菜品，例如酱油蒜蓉醋主要是用来蘸章鱼和鲨，而芥末甜辣酱则是用来蘸土笋冻。

厦门人过年一定要吃芋包吗

芋包是厦门人过年必备的食物，其地位与水饺之于北方人一样重要。刚出锅的芋包，又烫又鲜。食用时佐以辣椒、芥辣、沙茶酱等，味道更好。

厦门芋包是以芋头为皮包裹馅料的。制作时，将槟榔芋削皮洗净捣成生芋泥，加上少量淀粉、精盐

芋包

搅拌均匀，在碗的内壁涂上一层油，放进预先准备好的猪肉、虾仁、香菇、冬笋、荸荠等片丝馅料，再盖上一层芋泥，轻轻倒扣取出放在蒸笼里蒸制而成。相传，芋包的诞生与一位厦门同安的将军有关。这位将军在解甲归田后回到故乡，潜心研究饮食。他把槟榔芋头去皮挖心后放入蒸笼蒸熟，再蘸上调料食用，这便是芋包的前身。

要想在厦门吃到正宗的芋包，就一定要去"芋包嫂"。芋包嫂这块招牌已经在厦门存在快一个世纪了，当年的厦门芋包第一人，便是现在的店主李文忠的爷爷。民国时期，李文忠的爷爷从南安来到厦门，挑着担子沿街走巷卖芋包。虽然不知道芋包是不是李文忠的爷爷带进厦门的，但在当时他确实是厦门岛内最早做芋包的人。每日挑着装满芋包蒸笼的担子，李爷爷用脚步丈量着这座城市。最远的时候，他甚至

要挑担走到当时还是一个小渔村的黄厝。除了芋包，李爷爷的担子里还准备了一只简易煤炭炉，以便能时刻给芋包保温。那个时候李爷爷最常停留的地方是沙坡尾，因为那里有很多渔民和码头工人，芋包好吃便宜，又很能饱腹，对于这些底层的贫苦百姓来说，算得上街头最好的美食了。

就是靠着这门手艺，李爷爷在厦门娶妻生子，安家落户。有了李奶奶后，夫妻两人便同心协力，相依相伴。在李文忠的印象当中，小时候奶奶总是每天凌晨4点就要起床，准备这一天的食材。芋头选用的是口感最好的槟榔芋，奶奶每次都是用手把每只生芋头搓碎，再混入地瓜粉，用力揉搓面团半小时以上，以确保芋包外皮柔嫩弹牙。然后将十几种馅料包入面团，再放上一尾虾仁，蒸熟后点上甜辣酱、芥末酱和几片芫荽，如此便是一份可口芋包。早晨8点左右，爷爷会挑着沉沉的担子出门，沿街叫卖。估计李爷爷当时应该只想着，怎么用这些芋包养家糊口，却不曾想到有一天，自己做的芋包会传遍厦门岛，成为老厦门的标配美食之一。

厦门烧肉粽有什么特色

在福建地区，每到端午节街头巷尾少不了粽子的身影：咸粽、豆粽、甜粽、肉粽……种类繁多，让人眼花缭乱。厦门烧肉粽，要算是福建地区最具闽南风味的粽子之一了。它内里包裹着猪肉、干贝、芋头、蛤蜊肉、鸭蛋黄等食材，吃起来滋味香甜，油润不腻。这使得厦门烧肉粽从端午节

烧肉粽

的应季食品，成为了一款终年流行的传统小吃。

厦门烧肉粽，其特色就在于一个"烧"字，非趁热吃不可，否则味道大减。在吃烧肉粽时，食客可以根据自身口味选择沙茶酱、蒜蓉、红辣酱等调味品。老厦门人吃烧肉粽，则最喜欢加入甜辣酱，再搭配扁食汤或鱼丸汤，一顿简单又美味的厦门饭食就这样完成了。

厦门有名的粽子品牌"好清香"坐落于厦门市大元路32号，以前人们称那里为"赖厝埕"。好清香是1940年王朝基先生创办的品牌，以经营闽南特有风味的烧肉粽、芋包等小吃而驰名中外。厦门的好清香大酒楼曾数十次应邀参加日本、新加坡、菲律宾、中国香港等地的大宾馆、酒店举办的厦门风味美食节，还多次在全国烹饪大赛上荣摘金、银、铜奖，逐渐成为一家风格独具的"中华老字号"。50多年来，厦门好清香烧肉粽，以精选、精配、精制的"三精"内涵在众多品牌中脱颖而出，不断进步。最终以味浓鲜香、糯软爽口的独特风味，赢得厦门市民和海内外侨胞的喜爱，甚至在当地还有赞语称："不到好清香，枉费鹭岛行。"

厦门的特产

马蹄酥是长孙皇后带到民间的吗

　　马蹄酥，别名"香饼"，是厦门的一道佳点，以同安区制作的马蹄酥最为著名。相传马蹄酥原本是唐朝的宫廷食品，李世民的原配夫人长孙皇后回陕西探亲时，携带马蹄酥作为礼物。乡亲们品尝后，对马蹄酥赞叹不已。于是，皇后派随行的御厨将马蹄酥的制作方法教给娘家的人，至此，马蹄酥流入民间。

马蹄酥

　　此外，还有一种说法：西汉末期，王莽篡位后，大肆追杀刘姓子孙，当时刘秀也四处逃命。据说他逃到繁峙城的时候，追兵紧随而至。慌忙间他只能藏到了一个卖梅花酥的老人身后。当追兵狂奔而过时，撞翻了老人摆在街边的案板，散落在地上的梅花酥也被马蹄踩成碎块。待追兵过后，老人看着疲惫不堪的刘秀，对他说："孩子，不嫌脏的话你就吃了吧，好歹先把肚子填饱。"于是，饥肠辘辘的刘秀，捡起地上的梅花酥狼吞虎咽地吃了起来。后来刘秀重兴汉室，开创了东汉王朝，却依然怀念当年那些被马蹄踩碎了的糕点。

由于当时疲于逃命，没来得及多问老人，只能根据记忆中的形状跟口感，下令寻找马蹄酥。做梅花酥的工匠们看到了，就干脆用月牙刀将梅花酥切成马蹄状的小块来卖，还采用了御赐名马蹄酥来增加销量。

马蹄酥用料十分讲究。它以精面粉、熟大油、蜂蜜、绵白糖等为主要原料，在精面粉中加入水调和，制成皮面；再用面粉与大油混合，制成酥面。把皮面包进酥面，将面皮叠成驴背状，再切成面页，投入油锅烹炸。最后，用蜂蜜灌浆、白糖上霜，一锅香喷喷的马蹄酥就诞生了。由于烹炸过程中，面层会逐渐炸开，形状与马蹄一模一样，故人们将这款小吃命名为马蹄酥。清代曾有诗人写下"乍经面起还留迹，不踏花蹄也自香"的诗句，来赞美它的滋味，民间对马蹄酥的喜爱由此可见一斑。如果读者来到厦门，一定要尝尝马蹄酥。尤其是厦门双虎马蹄酥，已有六七十年历史。

你知道张三疯奶茶背后的故事吗

在厦门，有一家奶茶店叫作张三疯。这家店可谓开遍全岛，任何一条大街小巷，都能看到它的身影。张三疯奶茶已经成为厦门文艺旅行的一张名片。

为什么要给奶茶店起名叫张三疯呢？这个奇怪的名字背后有什么故事吗？乍一听店名，很多

张三疯奶茶店

人一定会觉得这是一个人的名字，其实，张三疯是一只生活在鼓浪屿上的猫。关于张三疯，店铺门口的挂牌是这样介绍的："张三疯是生活在鼓浪屿的一只猫，自由自在。小时候很疯，长大了却像梁朝伟一样深沉。

长大的张三疯常常和隔壁旅舍的狗狗一起在鼓浪屿上私奔几天。如果不是大海阻拦，它们早就浪迹天涯了。"因为猫咪的脾气很"拽"，陌生人给的食物一概不吃，故得了个张三疯的诨名。后来就有当地人脑洞大开，以张三疯为名开起了奶茶店。张三疯奶茶都是现场制作的，茶味偏重，还加有葡萄干和燕麦以丰富口感。如果喜欢奶茶的话，一定要去尝尝张三疯奶茶。

奶茶店内外都有张三疯的卡通样子，是一只肥肥胖胖的小猫。每年都有很多慕名前来、一探究竟的游客。要找到这家奶茶铺其实不难，它就在鼓浪屿的龙头路，离轮渡码头很近，相隔不远就有两家。店铺内的装潢也很有情调，一直在宣扬着"爱自己、爱生活、爱家人"的主题，每个杯子上都印有这句话。

厦门赵小姐的店店主姓赵吗

提起厦门馅饼，有一家店铺是无论如何也绕不开的——那就是赵小姐的店。赵小姐的店共有三家，分别位于鼓浪屿龙头路298号、菜市场的旁边，龙头路11号麦当劳斜对面，以及轮渡中山路20号肯德基对面。

赵小姐的店

赵小姐的店主其实不姓赵，她姓陈，常年旅居海外，所以委托朋友林先生和潘先生开办和经营。陈小姐开这家店铺的初衷是为了纪念自己的祖母，整家店的装饰风格非常复古，极具小资情调，既浪漫，又端庄，深受文艺青年喜爱。店内以深蓝色的墙壁为主调，安放上红艳艳的皮沙发，配以白色瓷器及生机勃勃的绿植，各色流苏台灯、青花餐具与刺绣织物，每一样摆设都可谓独具匠心。到这里来喝一杯特制烧仙草，吃一块手工素馅饼，那精美雅致的感觉令人无比欢喜。

为什么说苏小糖是厦门的青春滋味

来到鼓浪屿，一栋色调清新浪漫的小绿屋便映入眼帘——苏小糖的烘焙馆。

苏小糖的出现源于一个女孩的梦想，那个女孩想要为心爱的人做世界上最好吃的点心。只用天然的原料，纯手工制作。女孩

苏小糖

不断地钻研配方，多次试验，最终融合成了苏小糖的独特味道。用饱满又香脆的杏仁，混合浓郁的奶香，用最新鲜的味道演绎最纯粹的美味。和喜欢的人一起分享亲手做的美食，幸福也可以来得如此简单。

苏小糖的主打产品是牛轧糖，采用的原料均来自国外，通过纯手工制作，以保证品质的精良。苏小糖的牛轧糖口味丰富，有蔓越莓、抹茶、杏仁和玫瑰等，除此之外，还贩卖各类曲奇饼干和果酱、花茶。因其选料、制作的严谨，苏小糖的牛轧糖一口咬下，满嘴生津。它的文艺、甜美是其诞生时间不长，却能在短短几年内迅速成为厦门青春滋味代表之一的原因。

为什么厦门花生酥又叫贡糖

厦门花生酥质地酥松，甜而不腻，入口即化，一般在喝茶时品尝。制作花生糖时，将熟花生仁去掉膜后，用石磨磨碎。用一部分花生粉混

153

合少量麦芽糖擀成两三毫米厚的长条形皮，另外一部分花生粉再与更少量的麦芽糖与粉末状白糖混合均匀后倒在皮内作馅，用皮裹好馅后拿木槌击打结实并使其成为长条状，最后再用刀切成三四厘米的厚段即可。

厦门的花生酥，又被人们称为贡糖。贡糖源于明朝，其基本原料包括花生、麦芽、糖等，为闽南地区朝圣的贡品，后随厦门制饼师傅传入金门，而成为当地的特产。厦门有名的金门贡糖从研发至今，大约已有400年的历史。

关于贡糖名称的由来，在厦门当地说法不一，一直有两种说法流传度较高。有人认为它曾经是民间用来献给皇帝的贡品，故而冠以贡糖的名号。也有的人认为因花生酥制作过程中非常依赖人力的捶打，才能使糖质达到绵密细致的效果。这个捶打的动作在闽南语中为"损"，也就是"打"的意思，正好与贡糖的"贡"同音。因此，厦门花生酥才得了个贡糖的别名。

花生酥

长期以来，厦门贡糖业的发展一直是家庭式经营，一家一个牌子，技艺不外传。如今的金门贡糖经过几百年的完善和提升，已发展到二三十种口味，制作流程也复杂精细到包含炒花生、脱膜、选料、煮糖水等大约十道工序，其制作工艺已经远远超过了闽南发源地的水平。

你知道黄胜记的前世今生吗

黄胜记已有166年的历史，是黄金香品牌的一个分支。清朝道光二十二年（1842年），黄金香创始人黄知江从漳州许县东山出发，提着装满了自家制作的肉松、肉干的小竹篮，乘坐小船沿途贩卖。他听说厦门非常繁荣，于是来到此地先做一次试探性的贩卖。黄知江见厦门果真经济繁荣，自己的生意兴隆，遂萌生了在此定居的念头。后来他在厦门开设店铺，生产肉松肉干。因为选料精良，配方独特，产品色泽金黄，味道鲜香，广受好评。渐渐地，黄金香的字号在厦门传开了。

随着生意一天天扩大，黄金香字号日益兴隆，黄知江的家人纷纷投入经营，并成立了一大批分号，包括"黄金香送记""黄金香佑记""黄金香胜记"等。抗战前后，黄金香系列产品一度风靡港澳台，甚至南洋地区。其中，"黄金香胜记"分号迫于厦门沦陷，于1938年搬迁到鼓浪屿继续生产。1949年后，黄金香胜记被并入厦门市食品公司。后黄金香胜记创始人——黄景的孙子黄满鸿接手肉松店，并经营至今。

黄金香胜记出品的肉松入口即化，肉干耐嚼耐品，是上等的下酒菜。2011年，黄金香胜记被商务部认定为"中华老字号"。值得一提的是，黄金香的肉松因选料精良、精工细作，肉松成品色泽金黄，灿若黄金，黄金香的名字也是由此而来。独特的味道和口感让著名作家林语堂晚年回忆童年生活时，每每提到厦门的肉松配粥，那美味的肉松一直让他念念不忘。

厦门老字号吴再添有哪些特色美食

在厦门，吴再添小吃店一直被称为是最富有乡土气息的老店。说它有乡土气息，并不是因为"土"，而是因为店内的小吃都是一些荟萃了厦门地方风味的特色小吃。在厦门流传着一种说法：外地人吃黄则和，本地人吃吴再

吴再添

添。那么吴再添究竟神奇在哪里呢？它又是怎么发展起来的？去吴再添

有哪些必尝的美食？

　　吴再添生于1928年，是厦门人，也是厦门老字号吴再添小吃店的创始人。他的故事要追溯到1948年。吴再添一家人原本靠父亲贩卖蔬菜为生，后迫于生计，他挑起一副小吃担，来到厦门局口街中山路口的大榕树旁摆摊设点，卖咸粥。随着生意的红火，吴再添又置办了小推车，加大了台面，还增加了咸饭、炖罐等品种。他观察力非常强，发现当地人喜欢吃一家虾面庄的面条。几经琢磨，考虑到厦门人口味偏甜的特点，对虾面进行了改良，在面汤中加入冰糖和油炸过的葱花，顿时香味四溢。吴再添的虾面吸引了众多顾客，生意好的时候，一天可以卖出近200斤面条。慢慢地，吴再添的名声就在街坊间传开了。

　　20世纪50年代初，吴再添将自己的面摊搬到妙香路上。他租了一个十多平方米的地方，开起了吴再添饮食店，并经营至今。如今的吴再添小吃店位于禾祥西路美湖路口。在这里，你能吃到传统厦门名小吃芋包、油葱粿等。尤其是烧肉粽、沙茶面、虾面，非常值得品尝。它们曾先后获得"中国名点""中华名小吃"等荣誉称号，吴再添小吃店可以说是厦门美食的一大代名词了。

你知道同安凤梨穗指的是什么吗

　　原产地为厦门市同安区新民镇西塘村马垵自然村的同安凤梨穗龙眼，栽培历史已有100多年，是厦门市同安区的名果。

　　龙眼俗称桂圆，是我国南方亚热带的名贵特产，因其营养价值高，有壮阳益气、补益心脾、养血安神、润肤美容等功效，所以素有"南桂圆，北人参"之称。

凤梨穗

龙眼自古便受到人们的喜爱，甚至一度被视为珍贵补品。李时珍对龙眼曾有"资益以龙眼为良"的评价，而且龙眼除鲜食外，还可加工制干、制罐、煎膏等。

龙眼虽好，但其对生长环境比较挑剔，世界上能种植龙眼的地方十分有限，一般都在亚热带和无严重霜冻地区。因此，龙眼历来被人们称为岭南佳果，因其既可鲜吃又可做药用，在市场上一直都是供不应求。同安凤梨穗龙眼高产稳产、果实品质优等优良特性。结合了同安区高接换种技术的凤梨穗龙眼，得到了广泛的推广种植，在2012年种植面积已达3.6万亩，成了同安区的主栽品种。凤梨穗龙眼的选育与推广，加快了龙眼品种的改良，提高了龙眼产品的品质，促进了果农增收，也带动了龙眼特色产业发展，对于厦门市来说具有显著的经济效益和社会效益。

同安凤梨穗龙眼以其肉厚透明、色泽透红、柔软核小，而深得广大消费者的喜爱。

龙眼在挑选时有没有什么技巧呢？首先，龙眼以颗粒大，肉质厚，形圆匀称，肉质呈透明或半透明状，色白且柔软为最佳。用三根手指捏住一粒龙眼，若果壳坚硬，则表明果实较生尚未成熟；若感觉柔软且有弹性，则表明果实已成熟；若软而无弹性，就是成熟过度，果肉即将变质的征兆。也可将龙眼倒在桌子上，好的龙眼糖度高，壳、肉、核三者相连，在平面上不易滚动，反之品质较差者则可以轻易滚动。其次，用手剥龙眼时，肉核易分离，肉质软润不粘手，则表示质量较好；若肉核不易分离，肉质干硬或核带红色，则表示质量差。或是发现龙眼壳面或蒂端有白点，则说明里面的肉质已经开始发霉。

厦门翔安人为什么喜欢用番薯粉粿来宴请宾客

在洪朝选的家乡洪厝村，招待来客的宴席上，头一道佳肴既不是山珍，也不是海味，而是闽南地区随处可见的番薯粉粿。据说，这个习俗是从洪朝选那时沿袭下来的。

相传洪朝选考中进士，即将赴任当官的那年春天，正值农历三月初三，家乡准备过三月节。他的母亲想挽留他过完三月节后再走，但洪朝选怕误了行期，一天也不敢多留，收拾好行装就准备启程。母亲见此情形也不敢再挽留，仓促间，只得从自家粮缸里抓了几把番薯粉，加水搅拌成糊状，用勺子舀进热锅里，煎成薄薄的番薯粉粿皮。再把一张张圆形的番薯粉粿皮重叠起来，切成长条状，再拌上猪油、文昌鱼、海蛎等辅料，煮了一碗香喷喷的番薯粉粿端到洪朝选面前。洪朝选吃了一口，只感觉粉粿滑嫩可口，十分香甜。

后来洪朝选因为政绩卓著，晋升为刑部左侍郎代理尚书事。有一年回家省亲，村里人为庆贺他当了大官，精心准备了一桌丰盛的宴

番薯粉粿

席。好酒好菜一碗一碗地端出来，洪朝选却不多伸筷子，因为他想留着肚子吃那道家乡的特产菜——番薯粉粿。可是眼见着36道菜被端上桌，就连最后一道甜汤也端上来了，却还不见番薯粉粿。没办法，洪朝选只好低声问："番薯粉粿不是压席菜吗？"听他这一问，大家都傻眼了，因为乡亲们以为洪朝选当了大官后，就不再想吃农村的粗粮宴席，所以宴席上并没有准备这一道菜。不过听到洪侍郎这样问了，想必是想吃这道菜。于是大家慌忙准备，好在食材都是些随手可得的特产，没过多久，一大碗热气腾腾的番薯粉粿就被端上桌了。洪朝选边吃边赞不绝口道："还是家乡的番薯粉粿好吃！"

自此以后，洪厝村一带人家设宴请客，上桌的第一道菜便是番薯粉粿。翔安鹭翔酒家、泰源酒家、东方新星酒家等知名饭店都有这道主食。

你知道同安封肉是怎么来的吗

同安封肉是厦门同安马巷的传统名菜，属于闽菜系。这道菜的特色在于将整块的肉装盆、加盖入笼蒸熟后，上桌才掀盖，因此被叫作"封肉"。在当地，每当人们办喜事或乔迁，筵席之上总是少不了封肉这道大菜，并且还会把封肉安排在筵席酣饮过半之时，如果你在吃席时看到封肉上桌了，那就说明这顿饭已经吃得过半了。海外侨胞回乡探亲时，都会点名要吃这道家乡的风味菜。据说，正宗的同安封肉十分鲜嫩，将筷子直立插在封肉上，筷子在倒下的过程中就可以把封肉切开。

关于同安封肉的来历，一直都有两种说法。一种说法是，同安封肉是为了纪念王审知被敕封为闽王而特制的美食。五代后梁开平四年，王审知被封为闽王，被授予方形大印，以显其身份。王审知当时居住在同安，当地的官员为庆祝他被敕封闽王，为其举办了一场盛宴。席间的一道佳肴，就是将猪肉切成四四方方的大块，配上用香菇、虾米、板栗等制成的佐料，并用黄巾包裹严实，使其形象犹如大印。下锅

同安封肉

蒸煮后，肉香扑鼻。这四方形的封肉恰似封王的大印，包裹的黄布也如束印黄绫，因此被命名为封肉，"封"者，"敕封"也。

另一种说法是，在很早以前，同安有"请神出巡"的习俗。每当佛祖出巡时，沿途的居民一定要煮好咸稀饭，让轿夫、百姓及远道而来的

游客们品尝。那时候的人们认为哪家的粥受人欢迎，哪家就能受到佛祖的保佑，未来一年就会财运亨通，兴旺发达。因此，家家户户每到"请神出巡"时都想尽办法，用最上等的食材力争把粥煮得最好。在某一个村子里，有一人家里很穷，他也希望自己能像其他人一样煮一锅好粥，让大家吃个精光，图个好运。没有闲钱的他变卖了所有家当，却只能换得一块不大的方形三层肉。他想，如果把肉切成小块放入粥里，每一块小小的肉在一大锅粥里也不起眼，发挥不了什么作用，倒不如一整块放进去。于是，他用酱油把整块肉上色，配上几种调料一起炖煮，然后将煮熟的肉放入煮好的粥里。顿时，整块肉油光发亮，整锅粥香气四溢。果然，来喝粥的人看到都赞不绝口，纷纷称赞肉香，大家不约而同地端起碗盛粥，却始终没有人把那块肉夹到自己的碗里。经过几年的努力，这个人成了当地的富翁。人们对于他的经历啧啧称奇，纷纷仿效。大家开动脑筋，尝试不同的做法，加上不同的配料，于是方肉越做越好吃。后来，人们发现用纱布包裹焖炖成熟的方肉最为好吃，于是这种烹饪方法广为流传，沿用至今。因为在闽南语中"方"与"封"的读音相同，所以时间一长，人们便习惯性地把"方肉"叫成了"封肉"。

如今，同安封肉已经成了厦门乃至闽南地区的特色美食。许多老台胞和老华侨，还把这种独特的烹制方法带到台湾省和海外。逢年过节时，他们也学着自制封肉，让自己的后辈子孙能品尝到家乡的特色美食，增强他们思乡的情愫。

土龙汤里的"土龙"是指什么

在厦门生活过的人，即便没吃过但也一定听过土龙汤。如果你去过海沧海鲜一条街，你一定会对土龙汤的滋补和美味津津乐道。不过，你知道土龙的真名叫什么吗？据说土龙可是养殖渔民最痛恨的"土匪"，这是为什么呢？

土龙既不是龙也不是蛇，它属于蛇鳗科，学名为食蟹豆齿鳗，顾名思义，这东西连螃蟹都能吃，足见其凶猛程度，难怪渔民都这样说："我们最害怕的不是缢蛏生病，而是土龙偷吃。蛏苗主要的敌害之一

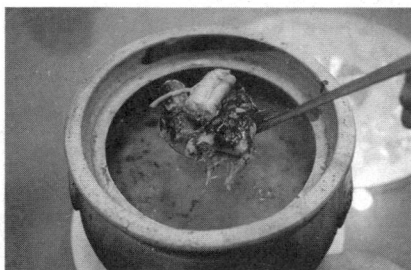
土龙汤

就是土龙，一群土龙溜进蛏埕里悄无声息地猛吃蛏苗，等你发现，这家伙已经跑了。"有专家说，中华须唇鳗、食蟹豆齿鳗等凶猛蛇鳗最喜欢吃的便是海鲜，它们经常在立夏前后钻进养蛏的埕中吃蛏，到秋季后再退回海中越冬。过去，很多蛏农对于中华须唇鳗、食蟹豆齿鳗这类蛇鳗还会采用药物毒杀的方式。老渔民们常说，土龙的生命力极强，就算长时间不去喂食，它也照样能活得好好的。更有一种神奇的说法是，普通的鱼类打捞上岸，将其丢弃岸边，隔天就会腐烂发臭。但土龙只要不喂食，让其肚内空空，将其抛弃岸边多日，肉也不会腐烂。而且土龙能在堤坝上钻洞穿行，如果围起几亩养殖池来养蛏或者虾蟹，土龙就会闻腥而来，钻进养殖池内狠命地吃。

很多人觉得，土龙吃的都是海鲜，它的肉一定营养又美味。按照沿海一带的民间说法，凡是摔伤、骨折、筋骨酸痛者，吃上一服药膳土龙或者喝些土龙药酒，便可有所缓解。一些有钱人家还会为媳妇或女儿，浸泡一坛土龙药酒，是坐月子的滋补品。

关于捕捉土龙，还是一门颇为神秘的手艺。一般专门捕捉土龙的渔夫，家中均有一柄代代相传、不轻易示人的特殊鱼叉。鱼叉用旧了就要远去他乡找人重新打造，其间渔夫会找多个技艺比较生疏的打铁师傅，叫他们现场仿制一两柄，并同时立刻带回，绝不多留片刻。此后绝不再找同一师傅打造，以免鱼叉的特殊设计被盗学。此外，土龙师傅还要看

潮水、天气、风向，先是在退潮的沙滩寻找土龙洞，并等到四下无人了，才会用独特的手法将土龙由泥穴中挖出来。

厦门煎蟹是怎样制作的

在厦门，螃蟹还有一种与众不同的吃法，那就是厦门有名的经典小吃——煎蟹。

煎蟹在厦门是一个庞大的产业，那里有着远近闻名的煎蟹一条街，在这条街上的公园煎蟹、同安煎蟹、莲花煎蟹都是做了十

煎蟹

多年的老店。蔚为壮观的莲花新村煎蟹一条街就因为这道菜才有如今的庞大阵容，貌似在福建省内再也找不到比这里更为正宗美味的煎蟹了。

虽然煎蟹远近闻名，但其实它的做法十分简单。先将整只螃蟹对半切开，再放入盐、酒等腌制，然后沾上调和了许多姜末的蛋黄，放入油锅中用文火慢慢煎至蟹壳变成红色即可出锅。煎蟹这道菜食材简单，最关键的是要掌握好火候，火太大容易将蟹肉煎焦，火太小又不入味。火候刚好的煎蟹在出锅时，蟹壳油光发亮，呈现大红色，蟹肉的香气扑鼻而来，令人垂涎三尺。煎蟹要趁热吃，除了肥美的蟹身，肥硕的蟹钳也是不可错过的美味。蟹钳的肉质一向饱满，再加上因为外壳的保护，调味料并不会直接接触到蟹钳肉，这使得蟹钳既保持了蟹肉的鲜味，又具有煎蟹独有的味道。在厦门，有些老食客偏爱蟹钳的美味，一天工作之后，和老友聚餐时会专门点上一盘蟹钳，边喝边啃边聊，轻松闲适地度过一整晚的时光。

煎蟹一条街原来是在莲花路上，后来搬迁至嘉莲路，于是人们也跟

随至此。对于美食的单纯却又执着的热爱，让很多人的生活也丰富多彩起来，也许置身于美食中，才能还原一个真实的自我。

你知道黄则和花生汤背后的故事吗

在厦门，有一句方言："顶开花，下结子，大人小孩爱吃甲要死。"把花生的生长状态，用最通俗的语言描写出来。闽南籍作家许地山更是有一篇《落花生》，用自然风趣的笔触描写了花生的多种烹调方式和吃法。而接下来要说的花生汤则是厦门独特的甜汤佳点，因其清甜爽口、滋补润肺的特点，在厦门深受人们的喜爱。

花生汤在闽南的泉州晋江一带被叫作土豆仁汤，很形象地道出花生是长在土里面的豆豆。福建多赤红壤旱地，盛产花生。多年来，花生不单单用来榨油，更多地被用来加工成各种花样食品。在1931年出版的《厦门指南》甜食杂品一栏中，

黄则和花生汤

关于花生的小食共列出16项，其中首推落花生汤。至今老厦门人还是把花生汤叫作落花生汤，这是因为花生的确是开花授粉，弯腰落地，扎根结子。多一个"落"字，仿佛能看到它的一生。

花生汤用料简单，煮法却比较考究。花生仁需先用沸水冲烫去膜，加水和少许纯碱，用旺火煮至花生仁熟后，再改用微火煮烂。合格的花生汤内花生仁酥烂不碎，入口即化，汤色乳白，甘甜爽口。此外，花生汤还能润肺生津，而且价格相对便宜，家家吃得起，老少都能吃。说起厦门的花生汤，最为著名的要数位于中山路头的黄则和花生汤店，已有六十多年历史。黄则和的花生汤，不仅在本地极有声誉，不少港澳台同

胞及海外侨胞，也纷纷慕名而来。黄则和花生汤取料精细，泡发考究，烧煮时间及火候都必须控制得恰到好处。合格的成品须具有花生片完整无缺、清香酥烂、入口即化、汤汁甜而不腻的特色。1986年，福建省小吃比赛，黄则和花生汤取得了金奖。我国著名的经济学家于光远，曾先后两次来到厦门，特地去品尝黄则和的花生汤，并对其大加赞赏，给予了高度的评价。

虽然黄则和花生汤驰名中外，但它背后的故事却鲜为人知。1936年，黄则和的母亲用卖花生糖积攒下来的钱，在大同路买了一套房子。本以为自此可以过上好日子了，只可惜好景不长，日本侵华战争爆发，一家人不得不回到泉州老家避难。当时的黄则和只有18岁，为了维持生计只能做些挑担运输的苦力活。在抗日战争胜利之后，黄则和一家回到了厦门，他想到以前在老家泉州有卖花生汤的营生，就用手头仅剩的一点钱在大同路上卖起了花生汤。

自此之后，黄则和每天凌晨4点左右，就要挑着第一钵花生汤的担子到开元路鹭江道的路口招呼客人。因为那里靠近码头，会有许多在商行货栈上班的人，或是装船拉货跑单的人，他们将是黄则和这一天当中的第一波顾客。一碗热乎乎的花生汤，讲究一点的加冲个鸡蛋，再来一根油条，便是典型的闽南码头风味早餐。到了清早，中山路各公司、商店的职员开始上班，黄则和就把花生汤担子挑到中山路靠海口的骑楼下，开始他一天中的第二波叫卖。黄则和叫卖的方式很有特点，他先用汤匙轻轻敲打瓷碗，再拉长声音，用闽南话喊着"花——生——汤——"。时间久了，每当人们听到叮当当的瓷碗声，就知道花生汤在召唤自己，记忆中那清香酥烂、甜滋滋的感觉就在舌根上回味。因此，黄则和成了厦门码头上将花生汤叫响的第一人。

1950年，经过战争之后的厦门开始重建，萧条的经济和文化也开始复苏。黄则和看准时机，出手盘下了他每天叫卖时站在门口处的那个店面，也就是今天的花生汤店，并把新店以自己的名字命名为黄则和花生汤店，终于结束了多年来沿街叫卖，风雨漂泊的日子。

你听说过厦门的"炒面线"吗

厦门炒面线是厦门独具特色的传统名点，它是由早期的全福楼和双全酒家的几位老厨师共同钻研创新，在烹饪实践中创造出来的厦门经典小吃，至今已有五六十年历史。如今，在厦门许多酒家、餐厅以及宾馆，都有炒面线这道菜的身影。

炒面线

炒面线的制作方法比较简单，先是选用上等面线，放入七成热的油锅炸至金赤黄色后，捞起放入沸水锅回软，去掉盐味和油渍后捞起备用。然后将精肉、冬笋、香菇、胡萝卜、干鳊鱼、葱白等切丝，鲜虾洗净剥壳，虾肉也切成丝状。将虾壳洗净加上汤烧成虾壳汤，过滤待用。再将炒锅置于旺火上，放入少许花生油，油热后放入肉丝、冬笋、香菇、胡萝卜丝等辅料，稍微煸炒后加入虾壳汤、上汤，最后投入过完油的线面，翻炒几下，加葱白、煸鱼丝，淋上香油、胡椒粉即可出锅。炒面线要趁热食用，入口鲜香，营养十足。

鼓浪屿馅饼是水果馅的吗

作为福建厦门最负盛名的特产之一，鼓浪屿馅饼已经有上百年的历史了，是真正意义上的"中华百年老字号"。色泽金黄，小巧玲珑的外观，入口时味香皮酥，馅甜适口，有冰凉爽喉之感。鼓浪屿馅饼既可以作为茶点，又可以当作零食，每逢春秋旅游季节，或是传统节日、家庭喜庆佳日，便理所应当地成了馈赠亲朋好友的家乡特产，并深受消费者的喜爱。

鼓浪屿馅饼能够传承百年的秘诀在于它的料精工细。传统的鼓浪屿馅饼主要原料是面粉、绿豆、猪油、白糖，多年来，鼓浪屿馅饼一直选用优质的精白面粉和上等绿豆，做饼馅的绿豆先蒸熟去壳，研磨得十分精细，糖膏的软硬度也控制得恰到好处，因而成品可以入口即化，产生冰凉之感，食而不腻。在外皮制作工艺中，饼皮和饼酥也下足油量，以油当水，揉捏得恰到好处。烘制时，要掌握火候，做到内熟外赤不走油。这样做出来的馅饼，才能饼皮酥而不破，饼馅冰凉清甜。值得一提的是，馅饼中的绿豆富含糖、纤维、蛋白质、无机盐、植物脂肪等营养成分，以及人体自身不能合成而又必需的氨基酸。

如今的鼓浪屿馅饼不断地推陈出新，在保证原来香甜酥细、湿润冰凉的特点之余，还增加了不少样式和口味。例如老公饼、老婆饼、香肉饼、椰子饼、绿茶馅饼、海苔馅饼、素饼、绿豆糕，还有水蜜桃、荔枝、葡萄、桂圆、草莓、菠萝、椰子等水果口味的馅饼，品种繁多，令人目不暇接。

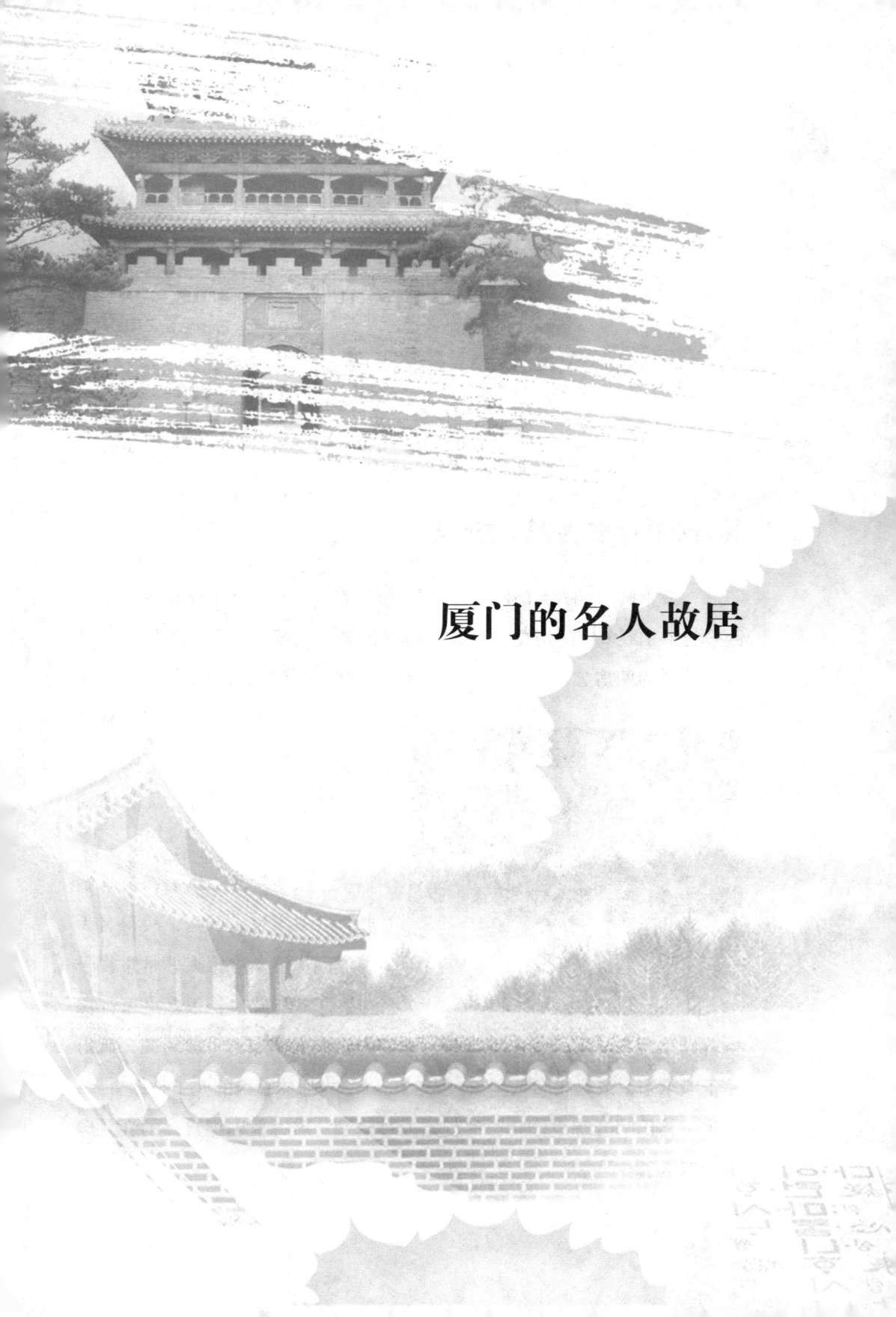

厦门的名人故居

厦门的名人故居

林语堂在廖家别墅居住过吗

在鼓浪屿漳州路44号，有一栋U形别墅。它建立于19世纪80年代，距今已有100多年的历史，是鼓浪屿最古老的别墅之一。它采用英式设计，前部为两房夹一厅，后部中间为小花圃，两侧为二层小楼，在花园中还设置有鱼池。台阶四周种满了榕树、龙眼、玉兰，一到夏天，整栋别墅被绿荫覆盖，尤为清新凉爽。

廖家别墅

这栋别墅落成以后，被林语堂的岳父廖悦发所购，故得名为"廖家别墅"。廖家人非常重视子女教育，与鼓浪屿很多世家都保持着姻亲关系。廖悦发的大哥——廖清霞将大女儿嫁给了殷雪圃，后得一子殷承宗，成为著名钢琴家；二女儿嫁给牧师林温人的儿子林谨生后，生出"林氏咽音练声体系"的创始人林俊卿。廖悦发则把自己的女儿廖翠凤嫁给了林语堂。

在与廖翠凤相遇之前，林语堂曾经有过一段刻骨铭心、求而不得的爱恋。那个让他刺痛一生，被深深埋入心里面的女人名叫陈锦端，是鼓浪屿实业家陈天恩的女儿。上海初相遇，一个是满腹经纶、胸怀大志的才子，一个是如花似玉，温柔多娇的佳人。二人一见钟情，再见倾心，只可惜陈天恩嫌弃林家太穷，又或者是因为其他原因，竟棒打鸳鸯，硬生生将二人拆散。分离后的两人皆伤心欲绝，陈锦端赴美留学，以疗情伤，林语堂悲戚不已，却最终只能接受现实。后来，陈锦端在32岁时嫁与厦门大学的教授方锡畴。林语堂也遇见了能与他携手一生的女人廖翠凤。1915年，林语堂和廖翠凤订婚，算是陈天恩为补偿对林语堂的亏欠而促成的一桩美事。在此之前，廖翠凤芳心早已暗许，但当时廖家与林家的联姻并不被人看好，廖家人也和陈家有着相同的疑虑：富贵之家的千金小姐嫁给一个穷牧师的儿子，能幸福吗？但廖翠凤却说："没钱，有什么关系呢？"并坚持与林语堂结婚，这份情意足以让任何一个男人感动。

后来的日子，正如二人预想的一般，清贫困苦却相濡以沫，生活上的艰辛与考验反而加深了两个人的感情。林语堂这一生，无论风光或落寞，都有廖翠凤在侧，携手同行。即便是林语堂80岁时，想要从香港回厦门看望陈锦端，廖翠凤气恼之余也有一份心疼。除了他们自己，没有人清楚曾经的廖家以及陈家，发生过多少不为人知的往事。这么多年无微不至的照料和纵容，早已让林语堂懂得了什么是真正的爱，见面并不代表还爱着，只是想少点遗憾罢了。

随着廖家的子女纷纷出洋创业，这栋风光无限的别墅日渐萧索。到20世纪70年代，别墅前部被拆去了一层。44号房与48号房之间原本有一道天桥相连，后来天桥也被拆除，最终别墅成为了现在的样子。如今，这栋别墅由于年久失修而破败不堪，但居住在里面的廖氏后人对它有着非常深刻的感情，不愿搬离。廖翠凤的侄子——廖永明教授就居住在这里。

如今，看着清寂的廖家别墅，我们也只能感慨，世间繁华热闹，转眼便如烟云般逝去。

厦门的林巧稚故居位于何处

一个终身未婚的女人，却拥有最深厚的母爱和最多的子女，她就是我国现代妇产科学的奠基人——林巧稚。这位传奇女性将一生都奉献给了妇产科学，特别是在胎儿宫内呼吸、女性盆腔疾病、妇科肿瘤、新生儿溶血病等方面的研究都做出了杰出贡献。经她之手接生的婴儿50000余名，在每一名婴儿的接生牌上，林巧稚都会亲笔写上"Linqiaozhi's baby"。因此，人们又

林巧稚故居

尊称她为"万婴之母"。作为中国妇产科学的主要开拓者之一，林巧稚不仅是北京协和医院第一位中国籍妇产科主任，还是首届中国科学院唯一的女学部委员。

1901年12月23日，林巧稚出生在福建省厦门市鼓浪屿的一个教员家庭。她出生的地方，位于厦门晃岩路47号一栋幽雅的白色三层小楼中。小楼属于欧式民居，砖木结构，设有地下隔潮层，四面通廊，廊下装饰琉璃花瓶，檐线、腰线均匀整齐，拱券大小相间，具有艺术韵致。二楼单独设一尖形拱门，门楣塑有飞翔的白鸽，周围塑缠枝花卉，颇具法国气韵。由于小楼屋顶呈八边形，故当地人称"小八卦楼"或"八角楼"。

后来，林巧稚以优异的成绩从厦门女子师范学校毕业了。看到女儿已经长成了清秀文雅的大姑娘，父亲林良英心里有着说不出的欣慰。他

笑着问林巧稚："阿咪，你毕业后打算做什么？"林巧稚看着父亲那苍老的面容、斑白的两鬓，想说的话始终说不出口。看出了女儿的犹豫，林良英接着说："阿咪，有什么打算你就说吧，别憋在心里头。"林巧稚犹豫片刻，还是开口了："阿爸，我想学医，上协和医科大学，要学八年。"在一旁的继母听到后，大声嚷道："八年？那学费得多少钱！上大学干什么？你现在已经是二十岁出头的人了，再上八年学，还嫁给谁呀？"林巧稚立刻倔强地回答道："那我就不嫁，一辈子也不嫁！"虽然这么说，但林巧稚心里也很没有底气。家里人口多，父亲又体弱多病，昂贵的学费实在是一个大难题！整个下午，林巧稚都闷闷不乐，把自己关在屋子里。傍晚的时候，父亲敲开了林巧稚的门，"阿咪，还在生气呀？""我并不是生气，我只是感到很难过，为什么女人就得一定嫁人？为什么女人就不能有自己的抱负、自己的事业？阿爸，我晓得家里困难，可是我还是想上大学！我不想依赖男人，更不想成为男人身边的一个摆设！""八年时间虽长些，但协和是最正规、最严格的医学院，在那里可以受到最好的医学教育。""我想当医生，而且要当一个好医生。"最终，林巧稚说服了父亲。1927年8月，林巧稚顺利地考取了协和医科大学，从此走上了从医的道路，并践行了自己最初的承诺，为医学事业奉献了自己的一生。

"产钳，产钳，快拿产钳来……又是一个胖娃娃，一晚上接生三个，真好！"这是林巧稚在弥留之际的话。她曾说过，自己这一生最爱听的声音就是婴儿的第一声啼哭，这些哭声让她感受到生命的奇妙，感受到作为医生的自豪，也体会到了作为母亲的快乐。为了倾听这美妙的声音，为了她深深爱着的妇产事业，林巧稚放弃了婚姻、家庭和作为母亲的权利，用自己的青春和生命为更多的人带来了生的希望。

岁月流逝，林巧稚住过的八角楼因年久失修，内部结构老化、外观褪色斑驳。加之混乱的产权现状，导致楼内破败不堪。数十名环卫工人借居在此，院内杂乱万分。1987年，有人提出拆除这栋小楼，是厦门博物馆前任馆长龚洁提出，小楼属于林巧稚女士的故居，具有纪念价值，这才将它保存下来。舒婷也曾提出建议，要求在此处设立厦门文学院，但由于种种原因，该项目迟迟没能落地。目前，八角楼已经得到了鼓浪屿当地政府部门的重视，正在修葺当中。

施氏大厝是施琅故居吗

施氏大厝位于厦门市同安霞露街123号，是施琅将军驻防同安时期住宅建筑群的一部分。施琅生于1621年，曾先后担任清军副将、总兵及福建水师提督。清顺治十四年（1657年），施琅赴同安担任副将，并在施氏大厝居住了长达六年的时间，直到今天，大厝内还居住着施琅的后裔。据考证，该地原本有施氏祖祠及两座生活起居用的大厝，经过三百多年的风风雨雨后，目前仅剩一座。

台湾作为最后的抗清根据地，清军几次出兵攻台都失利而回，这让清朝统治者一直很头痛。康熙二十二年（1683年），时任福建水师提督的施琅上书皇帝，请求出兵攻台，并向康熙帝展示了自己必胜的信心。康熙皇帝欣然应允，指派20000精兵和300艘战船随施琅出海作战。历经数月鏖战，同年八月施琅率战船登陆台湾岛，郑成功的孙子郑克塽率众出降，呈上象征统治权的延平王金印。捷报传到京城之时，正是中秋佳节。家国、明月两团圆，康熙帝为这盛世时刻兴奋不已，亲自赋诗表彰施琅的功勋，授予他靖海将军之职，并封施琅为靖海侯，世代袭爵。

施琅在收复台湾不久后，就上书一道《陈台湾弃留利害疏》，向康熙帝详细地阐明了台湾的重要性。他深刻地分析了台湾在军事上的重要位置，并且建议康熙帝轻徭薄赋，废止实行多年的"迁界禁海"令，实现真正的还地于民，不断推进台湾的经济发展，使台湾岛恢复繁荣稳定的局面，也让海峡两岸人民能安居乐业。康熙帝看过奏书后，采纳了施琅的建议，不仅免除了千万百姓的迁徙之苦，也为日后海峡两岸的发展打下了坚实的基础。

走进施氏大厝，我们可以看到大厅中央供奉的施琅塑像，以及悬挂于屋顶上"武魁"字样的门匾。但施氏大厝的外墙却剥落严重，屋檐下电线密布，各种瓦片、木头、石块堆积在一起，显得非常杂乱。左厢房的窗户已经受到严重腐蚀，大梁发黑，瓦片破损严重，亟待修复。2000年，施氏大厝被公布为厦门市文物保护单位，2001年，又被纳入厦门市第一批涉台文物古迹之一。

苏颂故居经历过多次重建吗

北宋宰相苏颂的故居，位于厦门同安大同镇城区西北隅的葫芦山南麓，是苏颂高祖左屯卫将军苏光诲始建于五代后晋开运年间的府邸，供子孙世代居住。

1020年，苏颂在此处诞生，10岁那年，苏颂跟随其父迁至都城。苏颂自幼好学，对经史九流、百家之说，还有算法、地志、山经、本草、训诂、律吕等学问无所不通。后来，苏颂官至宰相，一生勤政爱民。除政治、外交外，苏颂对科学技术保持着一份热爱，在天文学、药物学及历史学等方面，均涉猎颇深。他一生贡献颇多，特别是医药学和天文学方面的贡献突出。世界上第一座天文钟——

苏颂故居

水运仪象台，就是他发明并领导制造的。可以说，是苏颂开启了近代钟表擒纵器的先河，李约瑟甚至称其为"中国古代和中世纪最伟大的博物学家和科学家之一"。苏颂为官六十载，多有建树，并为后人留下了《图经本草》《新仪象法要》《苏魏公文集》等伟大著作。

苏颂为了能更直观地理解星宿的昏晓出没和中天，又提出设计一种可以让人进入浑天象内部来观察的仪器，即"假天仪"。具体设计仍由韩公廉推算完成。整个"假天仪"是用竹木制成如球状的竹笼，在外面糊上纸，并按天上星宿的位置，在纸上开孔洞。人进入球内观看，外面的光从孔中射入，呈现出大小不同的光点，就如同夜空中的星星一般。观测时，人悬坐球内，扳动枢轴使球体转动，就能更形象地看到星宿的运行轨迹。可以说，这架仪器是近代天文馆中星空演示的先驱。

苏颂星图是历史上流传下来的全天星图中，被保存在国内的最早的星图。保存至今的唐代敦煌星图，虽然在时间上比苏颂星图要早，但因被斯坦因盗走，如今存放在伦敦不列颠博物馆。对比之下就会发现，苏颂星图比敦煌星图更细致和更准确。而就所列星数而言，苏颂星图的贡献也是值得称道的。如欧洲到14世纪文艺复兴以前，可观测到的星数是1022颗，比苏颂星图少了422颗。因此，西方的科技史家蒂勒、布朗和萨顿等一致认为："从中世纪直到14世纪末，除中国的星图以外，再也举不出别的星图了。"

苏颂之子——苏携，在宋朝靖康年间选择归居故乡。南宋至元时期，该府邸被改建成为苏氏祠堂。苏氏祠堂在历史上经历过多次兴废，现存的苏颂故居芦山堂是1912年重建的。它属于三进双护厝府第式建筑，面积750平方米。祠堂前坐落着一尊苏颂雕像，大门口设有两只象征着辟邪纳吉的青石石狮，石窗采用镂空式设计，加上高高翘起的屋檐、层层迭起的斗拱，将典型的闽南建筑风格展现得淋漓尽致。

你知道蔡复一故居的前世今生吗

"学博才高，下笔千言，兼工四六"，这是人们对蔡复一学问的高度评价。蔡复一，字敬夫，号元履，福建泉州府同安县金门人。他出生于明万历五年（1577年），一生聪明过人，在同安历史上他的官职仅次于苏颂，朝廷评价他"入

蔡复一故居

三百年不到之地，成二百年未有之功"。其后裔主要分布在金门、台湾岛内，和新加坡等地，宗孙、乡贤尊之为"蔡府王爷"，祭祀不辍。

蔡复一自幼聪颖过人，据说在12岁的时候，就已写出万余言的《范蠡传》。明万历二十二年（1594年）中乡举，第二年又中了进士，自此入仕为官。一开始，他只是担任刑部主事任员外郎，后来又历任湖广参政、山西左布政、右副都御史。之后，因贵州造反，他被任为兵部侍郎，总督贵州、云南、湖广，兼巡抚贵州。因为多年的戎马倥偬，年仅48岁的蔡复一不幸在军旅中染病去世。当时的皇帝为了表彰蔡复一的功绩，追赠其为兵部尚书，赐葬，谥号清穆，并由相国张瑞图亲自为蔡复一撰写墓志铭。

蔡复一为官奉守"报国恩以忠心，担国事以实心，持国论以平心"之旨，以"正己不求"律己，为许多正直官员所称许。其充满传奇色彩的故事，在同安、金门流传甚广。除了政绩斐然，蔡复一还博学多才，工诗、能文、著作颇丰。

位于厦门同安城北门内的一座宅邸，名为"贞素堂"，是蔡复一在故乡修建的居所，在清朝初期，被作为营厩使用，至今已有400多年历史，

厦门的名人故居

是厦门市涉台文物古迹、厦门市四大名人古迹、同安区区级文物保护单位。乾隆二年（1737年），当地知县唐孝本将其改为双溪书院，并于双溪书院后楼祭祀文昌神及蔡复一。同治四年（1865年），知县白冠玉重修并扩建同安考棚。光绪二十六年（1900年），又在此处增建学舍。民国七年（1918年），又经历了一次重修。1988年，蔡复一故居被列为第三批县级文物保护单位。2005年，经多方努力终于将蔡复一故居修复一新。目前，蔡复一故居仅存开五进三，一共两层的后楼。

你知道鼓浪屿墅王是谁修建的吗

历史悠久的鼓浪屿拥有1000多幢老别墅，其中八卦楼、黄家花园、海天堂构、黄荣远堂、李清泉别墅、林氏府、金瓜楼、番婆楼、杨家园、汇丰银行公馆这十座传奇建筑，被称为"鼓浪屿十大别墅"。

在鼓浪屿复兴堂的斜对面，有一条窄窄的上山小径，名为旗山路，路的尽头便是李清泉别墅，又名"容谷别墅"。"容谷"实为"榕谷"的误写，据1938年出生于榕谷别墅，李清泉夫人李颜敕的外甥孙女李清月的撰文记叙中写道："因为大门口有一株数百年的老榕树，一直庇荫着这座雄伟建筑，同时也因为整幢建筑全部都是由山石打造出来的，就像是一座山谷，因此取名为'榕谷'。今天我们看到的铁门上的'容谷'字样，其实是不解其意之人误写上去的。"

李清泉出生于清光绪十四年（1888年），原籍晋江金井镇。年少时，曾在厦门同文书院就读。早年随父至菲律宾马尼拉，其父李昭以在菲律宾开设了一家成美木厂，李清泉学成后也前往菲律宾向父亲学习经营。他悟性极高又好学，只用了短短五年时间就继承了父业，并将木厂的规模扩大。他本人也因此被人们誉为菲律宾的"木材大王"，从而享誉社会。

李清泉在发家致富后，依旧心系家国建设。抗战爆发后，李清泉积极组织"菲律宾抗战后援会"，于各方奔走，筹款抗敌。他曾在石圳地区建立华侨学校，又在厦门投资300万银圆兴建海堤。鼓浪屿的"墅王"——李家庄及容谷别墅，便是李清泉一手投资修建的。这座中西合璧的三层别墅耗时三年，于1926年建成。整栋别墅占地3600平方米，建筑面积近1500平方米，由旅美中国工程师模仿电影《飘》中的高楼设计。主楼建筑有40多个房间，18个露台，气势恢宏，质量上乘。因李家是经营木材发家的，所以别墅的材料供应方便，质量也属上乘，整体均使用赤楠等名贵木材。走进别墅大门，便可看到两侧假山亭榭矗立，环抱着别墅花园。花园中安置着名贵的南洋杉、欧式喷水池，园间小路均是用五颜六色的花岗岩卵石铺砌而成。中央别墅依山面海，采用通高罗马式巨柱，柱面剁斧凹槽，柱头大多为爱奥尼克式，庄严稳重，颇有气度。外墙系密缝清水红砖，均匀美观。门窗均装百叶窗，双层玻璃。每层均有套间，三楼的大厅空间宽敞，可以举行联谊舞会。别墅高踞山腰，一派居高临下的恢宏之气。

因为容谷别墅庄严稳重、精美华丽的外观，多部电影电视剧都于此地取景，例如电影《小城春秋》《肝胆相照》以及电视连续剧《七日》《又见阿郎》等。

卢嘉锡在宁远楼居住过吗

在鼓浪屿泉州路上，有一座名为"宁远楼"的三层洋楼。顾名思义，"非淡泊无以明志，非宁静无以致远"。这座宁远楼的主人便是中国著名科学家，中国结构化学、晶体材料科学的杰出奠基人，原福州大学校长、中国科学院院长、全国政协副主席卢嘉锡教授。

卢嘉锡是台湾台南人，20世纪20年代随父母和两个哥哥住进宁远楼的三楼。卢嘉锡儿时，他的父亲卢东启在宁远楼开办了私塾"留种园"，并收徒授课。留种园是卢东启从老家台湾带回来的家塾名，表达了对诗书传家的期盼。卢东启对孩子们的家教很严，教授学生时也经常将小嘉锡带在身边。大哥卢雨亭为了帮家里维持生计，不得不忍痛放弃深造，于是他也把希望寄予弟弟身上，并竭尽全力栽培小嘉锡。两年后，卢嘉锡因成绩优异，直接插班读小学六年级，中学也只读了一年半就以13岁的年龄考入了厦门大学预科组。15岁时，别

宁远楼

人初中还没有读完，他就毕业直升本科。当时卢嘉锡的老师是化学家张资珙博士，在这位恩师的熏陶下，从小擅长数学的卢嘉锡开始转攻化学。大学期间，卢嘉锡成绩优异，一直是陈嘉庚奖学金的获得者。19岁时，卢嘉锡完成了化学和数学双主系的学习，成为名副其实的"双学士"，并在毕业后留校当助教。21岁后，卢嘉锡又考取中英庚款公费留学生，进入伦敦大学学习，并在著名化学家萨格登的指导下从事人工放射性研究。1950年后，先后担任厦门大学理学院院长、福州大学副校长、中国科学院院长等职位，在我国结构化学研究工作中做出了杰出贡献。1955年卢嘉锡入选中科院数理化学部委员，为一级教授。1956年加入中国共产党。1958年参与创办福州大学和福建物质结构研究所，任所长。他是伦敦大学科学博士，比利时皇家科学院外籍院士。他还是第三世界科学院副院长，中国和平统一促进会会长。

卢嘉锡在鼓浪屿宁远楼住了10多年，直到1946年才搬入厦门大学的教工宿舍。宁远楼见证了他一生启蒙、求学、成长和结婚，卢嘉锡也是从这里走向世界。可以说，鼓浪屿宁远楼是卢嘉锡教授人生和事业的起点。

陈嘉庚先生故居是什么样的

在厦门集美嘉庚公园北门往东，有一栋红白色的闽南建筑风格建筑。它系填海而建，在蓝天白云的映衬下，透出浑然天成的庄严感。这里，便是我国著名的华侨领袖——陈嘉庚先生的故居所在地。陈嘉庚先生于1874年出生，1891年他出国留洋，到新加坡谋生，曾先后创办过米店、糖厂、菠萝罐头厂、橡胶园等实业。1912年，陈嘉庚回国，并在厦门建立厦门大学、集美中学、翔安一中、集美学村、翔安同民医院等，被毛泽东誉为"华侨旗帜，民族光辉"。

建筑悬挂的"陈嘉庚故居"七个大字为廖承志手书。故居为两层小楼，陈列着先生简朴的生活用具，记述着先生生平的感人事迹。若是你走近一排陈列橱，便可看到他用过的一把布伞。这把布伞是陈嘉庚从南洋带回来的，已经用了十多年，家里人都说那伞已经旧得不成样子，要给他更换。陈嘉庚却说："不像样不要紧，能用就行了。"在布伞的一旁，还有一件用破瓷杯做成的烛台。当时家里人建议买一只新烛台，陈嘉庚不许，还说："该用的钱几千、几万都得花，不该用的一分钱也不能浪费。"就是这样一个"抠门"的人，集资千万元，全部用于兴学等公益事业。在1913年创办了集美小学，这之后又创办了师范、中学、水产、航海、商业、农林等学校。陈嘉庚将一生都献给了文教事业，总投入款项价值达一亿五千万元，即便在弥留之际，陈嘉庚先生仍不忘把自己仅剩的三百多万元捐献给国家。院子的中央有一棵陈嘉庚先生亲手栽植的龙眼树，如今已是枝叶茂密，生机勃勃。每每观望，都让人敬佩陈嘉庚先生奋发无私的精神。

踏入陈嘉庚故居，顿感宁静悠远。庭院中，矗立着陈嘉庚的全身铜像。在一栋西洋式白色小洋房二楼左边的楼梯拐角处，有一个长方形的房间，它是陈嘉庚先生病中的办公室。办公室内放置着两张旧沙发和一张普通木桌，木桌上摆放着许多小药瓶和一个破旧的算盘。沙发的扶手上，放着一块写字用的木板。办公室中有一个小小的套房，套房内放着一张老式框架木床。寝室右边有扇门通往卫生间，卫生间里只有一个马桶、一个有裂痕的水缸。故居西侧的三层楼房，原本是陈嘉庚先生归国后居住之处，现被改建为陈嘉庚生平事迹陈列馆。陈列馆内以图片、图表等生动形象地介绍了这位"华侨旗帜"勤劳俭朴、倾资兴学、赤诚爱国的一生。

故居后方，有一座大三间的厅屋，屋檐下悬挂着一块大匾，上书"归来堂"三个大字。这里，便是陈嘉庚先生经常休息的地方。关于这座建筑，还有这样一段故事：陈嘉庚儿女众多，他在弥留之际曾嘱咐家人，要建一座小祠堂，让海外回来的子孙能有一个聚会的地方。周恩来总理知道后，便立即指示有关部门为他动工兴建了这座归来堂。在堂前有陈嘉庚先生的铜像，高2.3米，一手执杖，一手拿帽。在铜像背后的墙上，有毛泽东的题词："华侨旗帜，民族光辉。"可以说是陈嘉庚这一生的总结。

许斐平故居是在鼓浪屿上吗

在鼓浪屿笔架山笔山路19号上，坐落着一栋双层小洋房。这里，便是许斐平先生的故居。许斐平出生于一个典型的音乐世家，许家四代人均与音乐结下了不解之缘。其祖母曾担任教会唱诗班的领唱员，其母则担任司琴。包括许斐平在内的

许斐平

"许氏三兄弟"是享誉海内外的钢琴家和小提琴演奏家，第四代成员许兴艾也是我国著名的钢琴演奏家。

许斐平早在8岁那年就来到上海音乐学院附小念书，小学三年基本完成全部大学课程。随后，在世界各地展开巡演，好评如潮。后来，许斐平又考上美国伊斯特曼音乐学院与茱莉亚音乐学院，一生荣誉无数，曾获得阿图尔·鲁宾斯坦国际钢琴大赛金奖及帕洛玛·奥谢国际大赛的大奖。蜚声国际的许斐平不仅把中国的音乐介绍给世界，也时刻惦念着为祖国的音乐事业做一份贡献。1985年6月间，还在茱丽娅音乐学院当学生的许斐平，应香港管弦乐团之邀，到香港演奏《梁山伯与祝英台》及其他中国名曲。当时的小提琴协奏曲《梁山伯与祝英台》，是以西洋乐器演奏中国戏曲音乐的一次非常成功的尝试。小提琴版本的成功激发了原作者之一的陈刚先生更加大胆的想象：如果这个故事改编成钢琴协奏曲会怎样？钢琴就像是一支乐队，完全可以表现出《梁祝》全部的情感。于是1997年秋，应著名指挥家陈佐湟之邀，许斐平到北京与中国交响乐团合作演出，此次演出轰动了全北京。

许斐平曾总结说："我国的民族音乐丰富多彩，历史悠久，但它仍处于发展和探索的阶段，尤其是戏曲音乐。"在振兴民族音乐方面，郑小瑛和许斐平有着一样深刻的理解。他们都认为，若曲目为了迎合卖点，屈从于市场，尽管盈利却也不利于民族音乐，特别是民族风格非常浓郁的交响乐的发展。大力扶持优秀华人音乐、演奏华人经典音乐作品，才是华人演奏家和指挥家的共同责任。为此，他努力了多年。

尽管一直定居美国，但许斐平始终热爱祖国、热爱家乡，并多次应邀回国演出。1998年，长江中下游地区遭遇特大洪涝灾害，许斐平回到鼓浪屿，举办音乐会，把所得的全部报酬悉数捐献给灾区人民用于赈灾和灾后重建。2001年3月24日，许斐平、郑小瑛先生与厦门爱乐乐团合作，在鼓浪屿音乐厅演奏黄安伦的《C小调第二钢琴协奏曲》。他觉得，这是他能献给故乡的最好的礼物，身为炎黄子孙，他要演奏华人作品。许斐平被《纽约时报》和《华盛顿邮报》称为"钢琴界的国际之星"，是享誉世界的钢琴诗人、鼓浪屿之子。不幸的是，2001年11月，许斐平在从哈尔滨至齐齐哈尔的高速上遭遇车祸，不幸身亡。一位音乐才子就此陨落，世人为之哀痛不已。

林鹤年故居中有哪"三宝"

厦门鼓浪屿福建路24号，是晚清福建八大诗人之一——林鹤年的故宅。林鹤年出生于广东，从小崇拜林则徐和郑成功。光绪九年（1883年），林鹤年参加礼部考试，摘得头筹。他先是在国史馆任职，后调任台湾，主管台湾茶叶生意与船政、铁路建设。甲午战争后，林鹤年被迫内渡，定居鼓浪屿。他对当时台湾的抗日起义给予了许多暗中支持，但由于缺少外援，台湾抗日军坚持了几年后还是失败了。林鹤年在台湾时，常"暇则与台湾士绅立吟社酬唱，虽匡攘（救国）之中恒不忘吟咏"。于是时人将其与康有为、梁启超、黄遵宪、丘逢甲等并列，称为"诗中八贤"。海沧邱菽园曾有《诗中八贤歌》颂曰："林四风神成一家，绝句高唱天半霞。诗成寄我南海涯，风弦水调铜琵琶。"其中"风弦水调铜琵琶"这一句表明，林鹤年的诗风与豪放派的苏东坡有些相像，一样慷慨激愤。徐世昌在《晚晴簃诗汇》曾评林鹤年的诗："诗雄深沉郁，兼有清丽之辞。""于闽派中自成一格也。"

这座建造于19世纪末的林鹤年的故居，坐东南朝西北，为3层砖木结构的建筑。整体外观为西洋式风格，内部平面设计则仿照闽南古厝四室一厅的格局。整座建筑占地面积约1500平方米，采用缩进式四面波折顶，檐口出挑小，线脚下镶嵌着一周红砖饰物。石砌防潮层以上皆为密缝清水红砖墙面。整体的建筑设计采用左、右角楼加中间直廊的模式。角楼平面为八边形，开有弧顶窗。直廊则采用券顶红砖方柱和宝瓶栏杆。首层出入口门廊外设置了与防潮层等高的护栏石登阶。

林鹤年将这座在厦门建造的住宅取名为"怡园"，"怡"的含义就是心怀台湾。在怡园中，有著名的"怡园三宝"。

一宝是"国姓井"。相传，这口井是郑成功当年驱逐倭寇时，驻守在小桃源的郑军士兵开挖的。这口井挖了三天，下面全是石头，士兵纷纷表示挖不下去了。郑成功听闻此事，来到井前，严厉地说："几块石头你们就害怕了？那你们怕不怕清兵？怕不怕红夷？"他拔出佩剑，大喊一声："顽石何所惧！"便举剑将顽石劈开，石头裂开后，清澈的泉水从井口流出，于是，士兵们将这口井命名为"剑泉"。林鹤年还为剑泉赋过一首诗，诗曰："海枯石烂看东溟，几度沧桑眼底经。唯有山泉依旧好，明月留形照丹青。"

二宝是太湖石桌椅。怡园后院本有亭子与假山水池，然而时过境迁，亭子处已经成为林家厨房，水池也已被填平，假山也大多不在了，只剩下这几块太湖石。这里曾经是林鹤年接待好友吟诗作赋的地方，也是与子女嬉戏庭训的地方。

三宝则是小桃源石刻。这块书写于道光丙戌年（1826年），是书法家吕世宜手书石刻，如今嵌在花园入口处的短墙上。

叶定国曾在同字厝居住过吗

同字厝，是近代同安"土皇帝"叶定国的故居，建于20世纪30年代初，位于厦门同安莲花镇安柄村的一个小山包上。它是以砖木石混合结构搭建起的大厝，主屋前落硬山布瓦顶金字脊，面阔五间19.3米，深三间13米。后进为二层楼房，硬山布瓦顶金字脊，面阔九间32.7米，前后进天井相连，天井中到后进处置一两层的廊楼。二层楼房卷棚顶，宽15.95米，深一间3.2米，总楼高6.5米，为主人茗茶、赏月、纳凉之处。

主厝两边护龙环接成一封闭空间，右边的护厝为二层楼，前为平屋。整栋房屋的重要地方设有枪眼，是一栋集住家与防卫为一体的建筑。

同字厝的主人叶定国原本是当地一大土匪。民国初年，他以自卫乡里为名，揭竿而起，成为盘踞同安地区的一支地方武装。20世纪30年代初，他着手修建同字厝。1938年，叶定国去世，据说他是被雷劈死的。

叶定国的故居

不过，虽然叶定国着实可恶，但他修建的同字厝却因造型精美、风格独特被保存至今，并在2001年被厦门市同安区列为区级文物保护单位之一。

你知道"金门四秀"之一蔡献臣的故居吗

蔡献臣，字体国，号虚台，同安翔风金门人，为人做官以直言敢谏著称，故别号"直心居士"。蔡献臣19岁娶嘉禾里池浴德之女为妻。万历十七年（1589年），蔡献臣与金门同乡蔡懋贤、蒋孟育、陈基虞、黄华秀为同榜进士，时人称为"五桂联芳"，又与蔡复一、许獬、卢若腾合称为"金门四秀"，足以见其才华。蔡献臣入仕为官后，初授刑部主事，后迁礼部主客郎中，又迁湖广按察使。任上被礼部右宗伯以"楚藩案"参劾罢归。起先，蔡献臣是住在浯洲平林里的，后来为了躲避倭寇骚扰，举家迁至同安城内。在父亲病逝后，蔡献臣带着母亲搬到同安城南别业望洋庵内居住，其间游历端平山，并作《游端平山记》。后来，张居正被罢相，蔡献臣被重新起用为浙江巡海道，改领提学道，为官期间善于选拔士子，奖掖后进，浙江人为其立生祠。天启年间，蔡献臣被召为南京光禄寺少卿，但又遭宦官构陷，再次遭到罢免。蔡献臣罢官归田后，十分热心地方公益事业。不仅捐资倡修三秀雪山岩、马巷通利庙、香山岩僧舍，还提倡修和尚桥、西安桥、重筑海半埭，并应县令李春开之聘，编纂《同安县志》。蔡献臣这一生为后世留有大量专著，如《青百堂稿》《四书讲义》《仕学潜学讲义》《笔记》等。在蔡献臣逝世的第二年，朝廷追赠光禄寺常卿，晋赠刑部右侍郎，葬于同安县南前街后山。

　　蔡献臣从政的年代正是明万历、天启年间，这一时期东南沿海正值多事之秋，倭寇、"红夷人"骚扰东南沿海甚至窥伺台湾，海防安全成为朝廷极为棘手的难题。当时朝廷有人认为澎湖驻军消耗军饷，建议朝廷撤走驻防澎湖的军队，而蔡献臣坚决反对从澎湖撤兵。可见，早在400多年前，蔡献臣就已经意识到了澎湖重要的战略地位。作为从小在沿海长大，时常往来厦门与金门的南方人，蔡献臣对台湾和澎湖的地理位置及其对大陆的重要性十分清楚。于是，蔡献臣在给皇帝的奏折《清白堂稿》中这样写道："澎湖者，为漳泉海民耕渔之区，而与台湾为邻，其内则浯洲、则烈屿、则嘉禾，皆同安都圖。"如果一旦从澎湖撤兵，那么荷兰殖民者则会乘虚而入。从地理位置上来看，"浯洲之去澎湖也，七更船，其去台湾也，十更船"，在这份《清白堂稿》中，我们不仅能看到蔡献臣对东南沿海局势的深刻剖析，澎湖与厦门、台湾唇齿相依的重要关系，还能看出蔡献臣敏锐的战略眼光和忧患意识，和他为东南沿海的安危殚精竭虑，力言抗谏的勇气。

　　在蔡献臣的金门故里原本建有一座官舍，当地人称之为"官衙"。嘉靖三十九年（1560年）四月十三日遭倭寇焚毁。后来蔡献臣移居同安时，分别购置东山草堂和城南别业望洋庵，出任后，又在同安县城南门外构建怡园别墅，怡园内池种荷花，地植果树，池北筑一鉴轩与读书楼。据说后来怡园给亲家陈氏接管，清末改建。历经多年，物是人非，原来的建筑也仅剩东山后亭蔡献臣及其子谦光、甘光居住的故居。

如今我们来到这座位于同安区大同街东山村后亭自然林的蔡氏祠堂，可看见一幢坐东北朝西南，悬山布瓦顶，二进的砖木建筑。整个建筑宽14.2米，总进深22.6米。前进深4米，面阔三间，中为凹形门廊，两侧厢房。后进深10米，连接前后两进廊道屋顶已塌。前后两进落差一米，各有五级石台阶，门口有长方形鱼池长14米、宽30米，引隘头圳水注入池中。除了蔡氏祠堂、蔡献臣故居外，现在厦门还保留着蔡贵易、蔡献臣、蔡献臣的儿子蔡谦光的墓。

你知道同安的吴提督府吗

位于同安区大同街道溪边街175号的一栋建筑，是吴必达的故居，俗称"提督衙"或"吴提督府"。吴提督府始建于清乾隆时期，如今还保存着大部分的原貌，有前、中、后三落大厝，带左、右各一列纵向护厝，东侧护厝还保存着一口圆形石古井，井边还留有一块青刀河石。相传当年吴必达就是用这块石头练功，晚上搬到井上去，早上再搬下来，日复一日，风雨不辍。正堂内原本悬挂着一块"萱寿延祺"楠木匾额，上面还有乾隆皇帝御笔落款，"乾隆三十一年赐福建水师提督吴必达之母九十一寿匾"。这块匾额是当年吴必达随驾拜谒泰陵时，乾隆皇帝赐其母王氏91岁寿辰之寿匾。

吴必达，字通卿，号碧涯，同安在坊里溪边人。雍正七年（1729年）吴必达中武举，次年再中武进士。此后在军中行走，由广东而浙江，再浙江而广东，步步提擢。乾隆二十八年（1763年）升任广东提督，继而调任福建水师提督。嘉庆版《同安县志》评曰："居官三十余年，革除陋规，整饬营伍，所至有廉声，军民悦服。”

吴必达为官期间，清廉谦和，虽然身居高位却处处与人为善，并不摆官架子。有一次他在修房子时，邻居叶氏找他商量，希望巷子能留宽些，方便出入。吴必达听后立刻答应了他的请求，叫工人将巷子留宽到轿子也能横着走的程度。于是，就出现如今看到的护厝不对称的奇怪现象。后来此事在当地传开，同安百姓间便流传着“有千年潭子尾叶，无百年吴提督”的俚语。其中“潭子尾”是同安地名，“叶”即叶氏宗亲，形容难得一遇好邻居。如今，这处吴必达故居已经被列为同安区文物保护单位。

值得一提的是，同安民间还流传着“吕厝王爷怕吴提督”的故事。据说吴必达小的时候，有一次和伙伴们在溪沙滩玩耍，正好碰见溪边民众往吕厝迎回吕厝王爷，大喊着让孩童们避让。吴必达见状有些生气，就对一旁的小伙伴说：“别看它现在这样神气，我这就筑城把它围住！”说完，他就捡起石头瓦砾，随手在沙滩上堆了一个小方城。原本吴必达此举只是为了玩耍解气，却没想到应了那句俗话，“死王怕活王”，吕厝王爷真的被围困了。乡里的老人们知道了事情的原委后，十分地害怕，就去劝吴必达将石头小城拆掉。吴必达大声说道：“拆可以，但今后不准再来溪边街吵吵闹闹了。”从此以后，吕厝王爷真的再也不敢来溪边了。

陈睿思故居为何又被叫作“进士第”

位于同安区田洋村松田社的陈睿思故居，又名“松田进士第”。这座故居建于清朝康熙七年（1668年），是典型的清初闽南民居大厝。坐北朝南的布局，穿斗式的砖木结构，整个故居由三落大厝、双护厝加后界组成，占地面积1000多平方米。室内装饰相当简朴，除主要门面稍做装饰外，其余部位均不做装饰。曾经悬挂在大门额前的木质进士第匾，已经被陈氏后裔收藏保存起来了。而当年陈睿思亲手所植的一株含笑花，却在300多年的风霜洗礼中屹立不倒，依然绽放在世人的眼中。

只是，明明是陈睿思的故居，为什么又被叫作"进士第"呢？这就要从陈睿思的身世说起了。

陈睿思，字子将，号鹤屏，又号宜亭，清代金门阳翟人，为明代金门名宦陈沧江的五世孙。清顺治八年（1651年），因躲避战乱，陈睿思随父陈观泰由阳翟迁入同安城郊田洋松田村。陈睿思自幼便聪颖过人，善作诗文，长于书法。清朝康熙五年（1666年），陈睿思高中举人，次年又中了进士，授中书舍人之职。不久，陈睿思告假回乡省亲。回京后，又因父丧回家守制。陈睿思一向推崇朱子文化，居家守制时，曾捐资修缮同安大轮山朱子讲堂，为学生讲学授课，并购置学田，将田租全部用于治学。守制期满后，陈睿思回京复职。数年后，又转任中书行人，由于他勤于治政，政绩突出，不久后就晋升户部主事。

陈睿思为政期间尊师重学，乐善好施，反对官绅兼并土地，主张清丈界外田地，将溢余田地全部归公。他在京期间，曾捐修同安会馆及贫民义冢，同时又为家乡的泗洲明觉院捐购十亩寺田。康熙九年（1670年），他还为《松田陈氏族谱》撰写谱序，一时间传为美谈。康熙十六年（1677年），陈睿思上表力陈滨海地区风高地瘠，应减轻赋税以休养生息，他的主张被康熙帝采纳后，闽粤沿海经济因此得到迅速恢复，此举可谓是实实在在地造福百姓。陈睿思一生为官正直清廉，刚正不阿。康熙年间，陈睿思曾任三同考试官、福建钦差，其间有同乡豪族欲与他交结，而他坚持秉公办事，深得闽省士子信赖。康熙末年，朝中海禁之争甚为激烈，他力主开海禁以利民生。凡此种种，都是利国利民之举，为百姓所称赞爱戴。只可惜，因为陈睿思事必躬亲，操劳过度，于康熙五十五年（1716

年）因积劳成疾而去世，时年七十有一，遗体被葬于同安莲花宝镇山，时人莫不哀痛万分。

值得一提的是，除了松田进士第外，陈睿思还曾在松田东庄山兴建别业澹园。如今还能在遗址附近岩石上，看到依稀尚存的当年陈睿思所题刻的《咏澹园》诗一首："自是石城落半巅，雷轰耸秀俯平田。扶老携幼频呼丈，携履登来欲问天。香动梅花邀月饮，寒侵树影枕云眠。不须负箬归山市，镇日敲棋友谪仙。"

你知道伯府是谁的故居吗

位于马巷镇后滨村27号的伯府，是清代闽浙水师提督李长庚的故居。这座故居始建于清朝乾隆年间，总占地面积约310平方米，为坐东朝西、两进的砖木结构。前进门厅面阔3间，进深2间，后进厝面阔3间，进深2间，原为穿斗式梁架，硬山顶。两侧有护厝，现仅存南侧一列，面阔五间，进深一间，风格朴实，是典型的闽南红砖民居建筑的样式。

说到李长庚，就不得不提起一个人。他的名字是蔡牵，据说他不仅是李长庚的同乡，还是他的同学。据清代笔记《老姜随笔》中记录，李长庚与蔡牵是同村人，小时候，两人一起在村里的私塾读书。每当老师外出时，两个小男孩就打闹起来，以树枝为剑，剑艺日渐精湛。一开始，两人的感情还不错。但蔡牵从小就性情暴戾，时常撂下狠话："倘若他日得志，我一定要踞某邑，屠某城，杀某官。"而自小刚正的李长庚，则当场把蔡牵顶了回去："你说的是贼话。如果你得志了，踞邑屠城，我一定会灭了你。"所以，民间一直认为二人命中注定互为天敌。在之后的成长过程中，两人走上了两条完全不同的路。蔡牵成为了清中叶以后最著名的海盗，李长庚则是大清水师的高级将领，一匪一官，两个同安老乡在19世纪初的中国东南海域角逐十余年，不死不休，至今仍是当地人津津乐道的话题。

虽然是海盗，但蔡牵长得并不魁梧。据资料描述，蔡牵的相貌有些猥琐，他"身材矮小，面色黄瘦，微须，左太阳穴有刀伤疤痕，身穿蕉布短衫、青纱裤子，花绸巾包头，手戴金镯，赤脚穿鞋，贼众呼为'大老板'，也有称为'大出海'"。此外，蔡牵也毫无威仪可言，经常与手下打成一片，"手下人见了蔡牵，各人起坐自由，并无尊卑规矩。贼众彼此呼唤俱叫绰号、排行，并没设伪职官名目"。虽然身材矮小，但这并不影响蔡牵成为清中叶纵横东南沿海的数十名海盗首领中最著名的一个。他自幼父母双亡，佣工自食，养成了一身的戾气。1798年，嘉庆皇帝曾经两次下令悬赏杀他，只可惜手下官员并不争气，无人能打得赢他。蔡牵到处抢劫渔船商舶、收保护费、掳人勒索。他一向胆大妄为，不仅乘潮袭击了厦门外面的大担岛官军，抢走6门铁炮，还攻掠了台湾，自称镇海王。鼎盛时期的蔡牵聚众万人，有战船百余艘，一度让装备落后的大清水师闻风丧胆。

尽管蔡牵如此凶狠强悍，但上天还是为他准备了一个死对头，那就是他曾经的同窗好友李长庚。年长蔡牵7岁的李长庚是武进士出身，统领闽浙两省水师。许是上天注定，他对蔡牵一路死缠烂打，不依不饶，甚至扬言："愿与蔡牵同日死，不愿与其同天生也。"从此之后，茫茫海上，出现了一个让蔡牵也有些惧怕的对手，两个人彼此作战纠缠了十几年。1808年，李长庚在一次追击蔡牵中，将其追赶至广东黑水洋，便将船靠了上去，准备跳船生擒蔡牵。却不想被对方船尾发出的炮弹击中咽喉和额角，当场阵亡。李长庚为国捐躯的消息传回京城，嘉庆皇帝老泪纵横，说："朕披阅奏章，不禁为之堕泪。"并追封李长庚为三等壮烈伯。李长庚虽然牺牲了，但他的遗志却依旧被人们继承着。次年，李长庚的两名得力部将王得禄、邱良功在浙江渔山外洋，将蔡牵的部队团团围住。两天一夜的激战用光了蔡牵的炮弹，他就将白花花的银圆塞进炮膛里发射，而最后一发炮弹他用来炸裂自己的船身，与手下一起沉没至冰凉的海底。

1809 年，蔡牵的死讯传到紫禁城里，嘉庆皇帝松了一口气，御批曰："洋盗蔡牵一犯，原系闽省平民。在洋面肆逆十有余年，往来闽浙粤三省，扰害商旅，抗拒官兵，甚至谋占台湾，率众攻城，伪称王号。不特商民受其荼毒，官兵多被伤亡，并戕及提镇大员，实属罪大恶极。该逆一日不除，海洋一日不靖……"

附　录

名胜古迹
TOP 10

胡里山炮台

胡里山炮台位于厦门岛西南部的胡里山海岸，建于清朝光绪十七年（1891年），当初修筑此炮台用了五年时间。寨墙台基系用乌樟树汁、石灰、糯米与泥沙搅拌构筑，炮台上最有名的是当时购自德国克虏伯兵工厂的一门大炮，至今保存完好，有效射程可达6460米。该炮在抗战初期还击中过一艘来犯的日本军舰。

梵天寺

梵天寺坐落在同安大轮山南麓，隋开皇元年（581年）创建，初名兴教寺，是福建最早的佛教寺庙之一。唐代咸亨年间形成规模，有大小庵堂72所。至宋熙宁二年（1069年）合为一处，改名"梵天禅寺"。元至正十四年（1354年）毁于兵火。明洪武十三年（1380年）由住山僧无为重建，形成完整的佛寺，有山门、金刚殿、天王殿、大雄宝殿、藏经阁等主体建筑，由下而上集中在一条中轴线上，规模恢宏。厦门的妙释寺、鼓浪屿的日光寺均是它的分禅。寺后有纪念朱熹的明代建筑文公书院、仰止亭、石瞻亭、千佛阁、魁星阁等建筑群，茂林修竹，环境幽雅。

同安孔庙

同安孔庙坐落在同安区城东溪西畔，始建于五代，现存的建筑是清朝乾隆年间重建的大成殿。如今的孔庙已成为同安区博物馆，陈列着自西汉以来同安的文物。寺庙北侧的场地上，摆放着200多件从全区各地收集的石雕、碑刻，神态各异，造型逼真，人称"同安兵马俑"。

青礁慈济宫

青礁慈济宫在杏林区海沧镇院前村旁，崎山（岐山）东南麓，属青礁村委会地界。奉祀北宋民间医生吴本的宫庙。吴本，俗称大道公，敕封至保生大帝。南宋绍兴二十一年（1151年），颜师鲁奏请立庙，宋乾道间，丞相梁克家奏请赐名慈济庙，旋改慈济宫。宫址位于青礁村地界，故名，建筑面积1305.56平方米。历经清康熙、嘉庆、咸丰和光绪等朝重修，1989年再次重修，至今已有840余年历史。为重檐歇山顶，抬梁穿斗混合式建筑。前中后三殿依山坡递升，前殿两层，上层两侧有钟、鼓楼。殿内保存石刻楹联、彩绘、石雕、木雕等艺术珍品。

南普陀寺

南普陀寺在思明区思明南路终点北侧，五老峰南麓，属厦港街道办事处地界，为古建寺庙。中轴线建筑有天王殿、大雄宝殿、大悲殿、藏经阁。大悲殿建于石砌台基上，原系木构，毁于火，1930年重建，为混凝土仿木构，八角形三层飞檐蹿角式，全以斗拱架叠而起，仰视藻井，颇为壮观，供奉千手观音；天王殿、大雄宝殿供奉弥勒佛、三世尊佛。藏经阁内有玉雕佛像、宋钟并珍藏书画和血经《华严经》、弘一法师手书的佛教文物。西山门内侧保存清御制满汉文碑，记载有关台湾林爽文、庄大田起义事件。寺后山上有明万历二十九年（1601年）陈第、沈有容题名摩崖石刻。南普陀寺于1924年改制为十方常住，并创办闽南佛学院，1934年开办佛教养正院，成为闽南佛教圣地而闻名遐迩。

石莲寺

石莲寺在开元区政府驻地东南边，厦门园林植物园内，属公园街道办事处地界。庙依山而建，周围岩石众多，故名。寺前有石桥，入石门拾级而上有一石坊，有弘一法师题联。内为庭院，有双檐歇山顶木建筑佛殿。殿右侧及右后侧为僧房禅室。石莲寺建于清康熙元年（1662年），1924年由会泉法师住持。1933年办有万石佛学研究会。1979年佛教协会加以翻修。1985年闽南佛学院女生班设此，后迁宝山岩。

天界寺

天界寺在开元区政府驻地东南边，厦门园林植物园南部，属公园街道办事处地界。寺在山丘上，寺后有摩崖石刻"天界"二字，故名。因山体形状似仙人醉卧，又名醉仙岩，寺内有两座大殿并列建于条石砌成的平台上，两边建楼房。寺门与大殿间为宽敞的庭院。寺后摩崖石刻多处，其中长啸洞前有明万历征倭诸将诗壁，列市级文物保护单位。

朝元观

朝元观在大同镇小西门，为朝拜元始天尊而建，故名。建于唐代，南宋嘉熙二年（1238年）谢图南扩建。元至正十四年（1354年）兵毁，明永乐、嘉靖间于旧址陆续重建玉皇殿、三清殿、玄坛宫、山门及两庑。后多次重修，又渐渐倾圮，观地多被居民侵占。光绪十二年（1886年）邑绅王文祥、王福昌等募修玄坛宫及放生池；1990年修复三清殿和两庑，重塑二十八宿。前殿（玄坛宫）面阔五间，宽18.34米，深四间9.78米，明、次间九檩加前后檐，抬梁构，石质中柱，檐口盘龙石柱一对，明、次间是楹墙，下浮雕麒麟，透刻花草，是明代嘉靖年间原结构件，工艺精湛，两侧立明永乐、嘉靖修葺碑记两方，是县历代道教的主要活动场所。

山水园林 TOP 10

鼓浪屿

鼓浪屿是厦门西南隅的一座小岛，面积1.77平方千米，以700米宽的海峡与市区相隔。岛上四季如春，树木丛生，丘陵起伏，有"海上花园"的美称，是闻名中外的旅游胜地，因为岛上有一中空巨石，海浪拍击声如鼓鸣而得名。岛上最高处叫日光岩，附近有民族英雄郑成功当年训练水师的水操台遗址。海边有菽庄花园，花园旁边的金色沙滩，为天然海滨浴场。岛上无车辆，清雅脱俗。尤为游人所赞赏的是，此地的居民文化素质非常高，钢琴拥有量为全国第一。月下风中，琴声悠扬，漫步其间，韵味无穷。

集美嘉庚园

嘉庚园位于集美鳌园北侧，门与鳌园相连，是后人为纪念陈嘉庚先生创办教育、培育人才、造福社会而兴建的。按照传统园林布局，把纪念性、文化性和游乐性有机地融为一体。陈嘉庚先生的晚年几乎把全部的精力都投入到集美家乡的建设中了，但他不幸于1961年病逝，有许多计划中的事情还没来得及做。他曾说过鳌园完工后，前面的海边空地要建一个公园。为完成陈嘉庚先生遗愿，将鳌园的北侧开辟为公园，该园于1992年动工，1994年10月竣工，占地面积3万平方米，总建筑面积为5500平方米。进入园中，满眼是高低错落的亭台楼阁，最具代表性的当数"鳌亭"和"命世亭",均于20世纪五六十年代与鳌园同时建成,是鳌园建筑景观的延伸。

厦门园林植物园

厦门园林植物园俗称"万石植物园",是一座围绕万石岩水库精心设计的植物园林。根据科研和游览需要,园内依次安排了松杉园、玫瑰园、棕榈园、荫棚、引种植物区、药用植物园、大型仙人掌园、百花厅、兰花圃等20多个专类园和种植区,栽培了3000多种热带、亚热带植物,其中有被人称为活化石的水杉、银杏,有世界三大观赏树——中国金钱松、日本金松、南洋杉,以及名贵的仙人掌等奇花异木,可谓是一座秀丽多姿、四季飘香的游览园林。

白鹿洞

白鹿洞位于虎溪岩背后。明朝始建寺,清乾隆年间重修,增建三宝殿、朝天洞、六合洞等。三宝殿后有宛在洞,洞中伏着一双泥塑白鹿,口向石罅。夏季炎热时,罅中常有烟雾涌出,缕缕可见,故称"白鹿含烟",为厦门小八景之一。1993年重建,并向游客开放。五个陈列室,展品1000多件。这个综合性地方博物馆,是了解厦门的窗口。

日光岩

日光岩海拔92.68米,为鼓浪屿最高峰,岩顶筑有圆台,站立峰巅,凭栏远眺,鹭岛风光尽收眼底。涉足龙头山山麓,但见一峭壁,刻有"鼓浪洞天""鹭江第一""天风海涛"等大字,此为旧时厦门大八景之一。进入山门,有巨石掩覆的莲华庵。沿途曲径通幽,可见两旁峭壁有许多骚人墨客的摩崖石刻。山中怪石嶙峋,在疏疏落落的树林中留有民族英雄郑成功屯兵鼓浪屿时构筑的"水操台"和"龙头寨"等遗址以及新辟的"郑成功纪念馆"等建筑。身临其间,思古抚今,令人感慨万千。

太平岩

太平岩在开元区政府驻地东南边，厦门园林植物园东部，属公园街道办事处地界。原为寺庙，佛殿前有一座两层楼阁。据同治年间黄仕德题记，寺庙已有900多年的历史。"文化大革命"期间被毁。1982年改建为茶人之家，为游客品茗之处。岩下即为郑成功读书处太平石笑景点，列市级文物保护单位。

中岩

中岩在开元区政府驻地东南边，厦门植物园内，属公园街道办事处地界。位于万石岩和太平岩之间，故名。原有寺庙，后荒废。1984年5月翻修殿堂，面积110平方米。殿旁一石，明末郑联题刻"玉笏"二字，以形肖。石上有碑记，与岩前澎湖阵亡将士祠碑一样都是记述清康熙二十二年（1683年）施琅率清军进击台湾，败郑军刘国轩部于澎湖之事，系康熙年间福建提督蓝理捐资建祠以祭死于澎湖战役之清军将士。祠碑和玉笏石列市级文物保护单位。

虎溪岩

虎溪岩在开元区西南边，玉屏山北部，属公园街道办事处地界。开拓自明代，是以自然岩石为主的游览地。山间原有溪流，相传有虎出没其间，故名虎溪，曾称虎溪公园。岩下建有山门，景观以石刻先露一芽、渐入佳境为先导，沿石阶拾级而上，有仙人桥、灵则名洞、夹天径、棱层洞、虎牙洞、飞鲸石等。棱层洞前有题刻多处，以郑成功据厦门时知思明州事邓会题诗尤为珍贵。棱层洞旁为佛寺，即玉屏寺，亦名东林寺。近年增建旅游设施，有茶室、素菜部。为赏月胜地，虎溪夜月为厦门大八景之一。山上虎园路终点一带曾名虎溪公园，建有登山路连接各景点。棱层洞前的石刻列市级文物保护单位。

梅山

梅山在县城东1.5千米。传说因古时山上遍植梅花而名。宋代同安主簿朱熹书"同山"二字于其上，又名同山。山顶建梅亭，山腰有隋始建的梅山莲寺，寺旁有清代修建的朱子祠。梅山莲寺于20世纪90年代修葺一新，为同安游览胜地之一。同山石刻和1986年迁此的婆罗门佛塔为县级文物保护单位。

北辰山

北辰山俗名北山，在五显镇境内，牛岭山余脉，离县城11千米。谓山高拱北级，故名。山中有奇石异洞，瀑布落溅成十二龙潭。旁有朱熹笔迹"仙苑"等。十二龙潭石刻列县级文物保护单位，被列为厦门市名景。

美食特产 TOP 10

沙茶面

沙茶面是一道遍布厦门大街小巷的著名小吃，沙茶面的美妙在于汤头，以沙茶酱熬成的沙茶汤浓稠香郁，面则选用闽南的油面，将油面与青菜于开水中烫熟捞入碗中，趁热浇入沙茶汤。最后可由自己喜好添加调料，豆制品、大肠、米血、腰花等，再淋上一小勺辣油，吃起来香气扑鼻，痛快淋漓。

海蛎煎

用闽南话讲是"蚵仔煎"，福建很多地区都有，虽然做法略有不同，海蛎和番薯粉却是必不可少的。将切碎的韭菜与新鲜的牡蛎搁在一起，加入番薯粉调和，入锅煎至金黄，周围一圈浇上蛋液，口感香脆，内馅香滑，蘸上辣酱更好吃。因为海蛎的营养丰富，有"海中牛奶"之称，这款小吃更是老少皆宜。

土笋冻

土笋是野生于沿海江河入海处咸淡水交汇的滩涂上，学名叫作"星虫"的一种环节软体动物，从沙子中取出土笋，放养一天后入锅烹煮，待熬出胶汁后自然冷却便成为"土笋冻"啦，入口冰凉感十足，与其他调料搭配享用，风味尤佳。

虾面

靠山吃山，靠海吃海，在厦门当然是吃海鲜。吃面自然吃的也是海鲜面，海鲜面中尤以虾面最为出名。虾面的主料是虾和面，而妙处却在于汤头。将虾去壳水煮后的汤熬虾壳，然后把虾壳过滤出来捣碎，掺上冰糖再熬。弄好的虾汤加入油面，烧沸就是一碗热乎乎的虾面啦。放上虾仁和猪肉片，加些许蒜泥，味道更好，食之难忘。

面线糊

面线糊讲究糊而不断，是老厦门经常配着油条、撒上胡椒吃的早餐。由细面线、番薯粉制作成，清而不浊，糊而不烂。面线糊一般可加入多种配料，如大肠、小肠、虾仁、卤蛋、煎蛋（蛋都是剪碎后加入）、醋肉、香肠等。这种美味老少皆宜，大家都特别喜爱。

芋包、芋枣

说到厦门芋包，它的美味无人能挡，尤其是刚蒸出来的芋子包皮薄薄的，似乎里面的馅都要冲破那皮出来了。将槟榔芋削皮洗净捣成生芋泥，和上少量淀粉、精盐搅拌均匀，在碗的内壁涂上一层油，放进预先准备好的猪肉、虾仁、香菇、冬笋、荸荠等馅料，再盖上一层芋泥，轻轻倒扣取出放在蒸笼里蒸制。食用时佐以厦门甜辣酱、厦门沙茶酱等，味道更好。

而芋枣的制作简单很多，用手搓成椭圆形状放入油锅炸至金黄色即可，透着热气，让人垂涎。

花生汤

花生汤是福建沿海地区风味独特的甜汤，清甜爽口，滋补润肺。花生汤用料简单，煮法却甚考究。花生仁用沸水冲烫去膜，加水、加少许纯碱，用旺火煮至花生仁熟后，改用小火煮烂。黄则和花生汤取料精细，泡发考究，烧煮时间及火候恰到好处。其中成品具有花生完整无缺、清香酥烂、入口即化、汤甜而不腻的特色，获1986年福建省小点比赛金奖。我国著名经济学家于光远先后两次到厦门，特地品尝花生汤，对黄则和花生汤的美味大加赞赏，给予高度的评价。

烧肉粽

厦门的烧肉粽历史悠久，具有香甜嫩滑、油润不腻、精工细作等特点。厦门的烧肉粽，特点在于一个"烧"字，也就是非趁热吃不可。加料烧肉粽里有板栗、红烧肉、虾干、香菇、干贝、花生、莲子、卤蛋等，很香，糯米也很黏口，蘸着酸辣酱，配着闽南风味的汤，可口无比。厦门的烧肉粽颇有名气，其中以"好清香"的烧肉粽最为闻名。其制法五关：第一关是选料要精，第二关是精工细作，第三关要掌握好火候，第四关是配好蘸料，第五关烧好的肉粽要随时保温，只有趁热吃才有香味扑鼻之感。

闽南春卷

闽南春卷又叫春饼，厦门人叫薄饼。吃法尤为简便，即用面皮包着各种菜肴食用，作料主要是笋、豌豆、豆芽、豆干、蛋丝、鱼、虾仁、肉丁、海蛎及红萝卜等。豆干切丝，越细越好，用油炸过，吃起来脆嫩甘美，醇甜可口，营养丰富。在事先做好的薄饼皮里放上用油稍稍炒过的虎苔，能吸收薄饼菜中的汤汁，使薄饼皮不致被馅的汤弄湿，再铺一些捣碎的花生贡糖，抹上辣酱，然后把薄饼菜、芫荽等搁上卷起来，吃起来脆嫩甘美，醇甜可口。薄饼还有另外一种吃法，就是放入油锅里炸过再吃，成为炸薄饼。清代有诗人写诗咏薄饼："春到人间一卷之。"描写薄饼皮是"薄本裁圆月，柔还卷细筒"，描写薄饼馅是"纷藏丝缕缕，馋嚼味融融"。

厦门馅饼

馅饼是福建厦门市一种具有百年以上历史的传统名点。厦门馅饼分两种，甜饼是以绿豆沙为馅，加猪油、白糖烘得。咸饼是以肉丁为馅，加猪油、白糖所制。厦门的馅饼因口感香甜酥细、口味繁多，深受人们喜爱。"皮酥馅靓"用来形容厦门馅饼，毫不夸张。鼓浪屿馅饼是福建厦门最负盛名的特产之一，选用优质精白面粉、上等绿豆，做饼馅的绿豆蒸熟去壳，研细，饼皮和饼酥下足油量，揉得恰到好处。烘制时，注意掌握火候，做到内熟外赤不走油。